Seneca

# Vom glückseligen Leben

# Von der Kürze des Lebens

# SENECA

## VOM GLÜCKSELIGEN LEBEN
## VON DER KÜRZE DES LEBENS

ÜBERSETZT, MIT EINLEITUNGEN UND
ANMERKUNGEN VERSEHEN VON
OTTO APELT

NIKOL
VERLAG

Satz & Layout: Nikol Verlag, Hamburg
Umschlaggestaltung: Nele Schütz Design unter
Verwendung von shutterstock/EE SPACE
Druck: CPI Moravia Books s.r.o.
Printed in the Czech Republic
ISBN: 978-3-86820-485-8

www.nikol-verlag.de

# Inhalt

# Vom glücklichen Leben

## An seinen Bruder Gallio

### Einleitung

Die Schrift ist gerichtet an seinen älteren Bruder Marcus Annaeus Novatus, der seit seiner Adoption durch Gallio, den Freund des Vaters, den Namen Gallio führte. Es ist derselbe, dem er bereits früher die drei Bücher über den Zorn gewidmet hatte. Auf die Denkweise dieses von ihm sehr geschätzten Bruders, der es als Staatsmann bis zum Konsul gebracht hatte, scheint die Lehre Epikurs einen gewissen Eindruck gemacht zu haben. Daher die längeren Ausführungen über den Gegensatz der stoischen und Epikureischen Ansichten über das wahre Lebensglück. Der milde, halbwegs anerkennende Ton, in dem er von Epikur spricht, tritt hier, eben wohl mit Rücksicht auf seines Bruders Verhältnis zu Epikur, noch etwas stärker hervor als in anderen Dialogen. Allein die Anerkennung ist doch auch hier nur eine relative, insofern als sich die Lustlehre Epikurs, welche die Tugend zur unentbehrlichen Begleiterin der Lust macht, vorteilhaft unterscheidet von der unbedingten Lustlehre anderer. Er selbst, Seneca, ist und bleibt Stoiker, der in der Tugend allein die Gewähr eines glücklichen Lebens findet. Sie allein ist es, die uns gegen alle Tücken des Schicksals sichert.

Wenn man ihm entgegenhält, er selbst zeige in seiner Lebensführung doch nicht durchweg das Bild des vollendeten Weisen, so sei, meint er, damit der stoische Standpunkt durchaus nicht erschüttert; denn er selbst sei sich seiner Unvollkommenheit recht wohl bewußt und fühle sich durchaus nur als Strebender, nicht etwa als am Ziel bereits Angelangter. So wird die Abhandlung immer entschiedener zu einer Rechtfertigung der eigenen Lebensgestaltung in ihrem Verhältnis zu den Anforderungen des Stoizismus. Man kann Stoiker sein und bleiben, auch ohne daß man auf Reichtum und äußere Glücksgüter verzichtet; ja, man ist dann gerade in der besonders günstigen Lage, Gold und Gut nach vernünftigen Grundsätzen zugunsten der Mitwelt nach den verschiedensten Richtungen hin zu verwenden, statt es im Dienst der Lust zu vergeuden. Diese ebenso geschickt wie taktvoll durchgeführte apologetische Tendenz gibt dem zweiten Teil der Abhandlung einen besonderen Reiz.

## Inhaltsübersicht

Glückseligkeit ist das Ziel, nach dem jedermann strebt; allein die Vorstellungen, die man sich von diesem Ziel macht, sind ebenso irrig wie die Wege, die man zu seiner Erlangung einschlägt. Man läuft blindlings der großen Menge nach, die sich durch reine Äußerlichkeiten bestimmen läßt, während das wahre Glück ganz nur von der Beschaffenheit unseres Inneren abhängt. c. 1, 2.

Für das wahre Lebensglück kommt es auf eine Seelenstimmung an, die den äußeren Lebensverhältnissen, wie sie uns das Schicksal, sei es gewährt, sei es auferlegt, keinen entscheidenden Einfluß einräumt. Eben darin besteht das Geheimnis wahrer Lebenskunst, daß man sich von des Schicksals Launen unabhängig zu machen weiß. In diesem Sinne wird von Seneca eine ganze Reihe von Definitionen der Glückseligkeit vorgeführt, die darin übereinstimmen, daß Sinnengenuß kein wahres Glück gewähre, daß vielmehr nur die gesunde Vernunft zur Grundlage dieses Glückes tauge. Ihr allein gebührt die Herrschaft, wenn sich auch ein großes Maß von Lust ihr zugesellen kann, ohne etwa unentbehrlich zu sein. Verträgt sich doch die Lust auch mit dem schändlichsten Leben. Ein solches Leben ist aber nichts weniger als naturgemäß. Nur das *naturgemäße* Leben ist ein wahrhaft glückliches Leben; die Voraussetzung desselben ist aber die erlangte Seelenruhe. c. 3–8.

Lust ist von der Tugend nicht ausgeschlossen, ist aber keine unentbehrliche Beigabe derselben. Die Tugend trägt ihren Lohn in sich selbst, wenn sie auch das

Vergnügen nicht grundsätzlich ausschließt. Nie aber wird der wahre Weise die Lust zum Bestimmungsgrund seiner Handlungen machen. c. 9–11.

Epikur gehört nicht zu den unbedingten Lobrednern der Lust in dem Sinne, als sei Tugend und Lust dasselbe. Er fordert für die Lust Naturgemäßheit, wie es die Stoiker für die Tugend tun. Aber der Lust jagt doch jeder nach seinem besonderen Geschmack nach; sie geht ins Maßlose und Unbegrenzte, während die Tugend begrenzt ist. Hingabe an die Lust als an das oberste Ziel führt zum Verlust der Freiheit; die Lust kann sich nicht losmachen von dem Reiz des Äußerlichen; sie ist nicht auf sich selbst gestellt wie die Tugend. c. 12–15.

Die Tugend bietet hinreichende Gewähr für das Lebensglück; sie ist nicht abhängig von den Launen des Schicksals. Demgegenüber erhebt sich aber die Frage: Warum verzichtest du nicht auf die Fülle der Güter, die du dem Schicksal verdankst? Antwort: Man hat zu scheiden zwischen dem vollendeten Weisen und den erst im Aufstieg Begriffenen, zu denen er selbst, Seneca, sich rechnet. c. 16–22.

Aber auch der der Weisheit bereits Teilhaftige wird die äußeren Güter nicht grundsätzlich von sich weisen, wohl aber sie nur im Sinne gesunder Vernunft verwenden. Er wird sich ihrer freuen dürfen als eines Mittels der Beförderung des Menschenwohls im Sinne uneigennütziger Menschenliebe. Was ihn von den Reichen gewöhnlichen Schlages scharf scheidet, ist der Umstand, daß er ohne Murren, wenn das Schicksal es so will, auf alle äußeren Güter verzichten wird. c. 16–26.

Sokrates wird redend eingeführt als Zeuge für die Macht der Tugend und als Mahner für ihre dauernde Hochachtung. c. 27, 28.

1. Wer, mein Bruder Gallio, wünschte sich nicht ein glückliches Leben? Aber um zu erkennen, was uns zum Lebensglück verhelfen kann, dazu fehlt uns der richtige Blick. Nichts ist schwerer, als sich des glücklichen Lebens teilhaftig zu machen. Ja, je stürmischer man ihm zueilt, um so mehr entfernt man sich von ihm, wenn man den Weg verfehlt hat; führt dieser nach der entgegengesetzten Seite, so wird gerade die Eile der Grund, den Abstand zu vergrößern. Wir müssen uns also zunächst Klarheit verschaffen über Wesen und Beschaffenheit des Zieles; sodann gilt es, Umschau zu halten nach dem Weg, auf dem wir am schnellsten zu ihm gelangen können, wobei der Weg selbst, wenn er nur der rechte ist, uns zu der Erkenntnis verhelfen wird, wieviel wir täglich vor uns bringen und in welchem Maß wir dem Punkt näherkommen, nach dem uns unser natürliches Verlangen hintreibt. Solange wir kreuz und quer umherschweifen und uns nicht von einem Führer leiten lassen, sondern lediglich von dem einander heillos widersprechenden Geschnatter und Stimmengewirr der Menge, schwindet das kurze Leben unter lauter Fehltritten dahin, mag man sich auch Tag und Nacht um vernünftige Einsicht bemühen. Daher entscheide man sich über das Ziel und den Weg nicht ohne einen bestimmten Sachkundigen, der genau Bescheid weiß über die Richtung, in der wir uns vorwärtsbewegen. Denn hier steht es nicht so wie bei sonstigen Wan-

derungen: Bei diesen sichert uns irgendein Grenzweg, auf den man trifft, nebst der Nachfrage bei den dort Ansässigen, vor Irregehen, während hier gerade der betretenste und menschenreichste Weg am leichtesten täuscht. Auf nichts also müssen wir mehr achten als darauf, nicht nach Art des Herdenviehs der vorauslaufenden Schar zu folgen: wir würden dann nur den meist betretenen, nicht aber den richtigen Weg wählen. Und doch verwickelt uns nichts in größeres Unheil, als daß wir uns nach dem Gerede der Menge richten, in dem Wahn, das sei das Beste, was sich allgemeinen Beifalls erfreut und wofür sich uns viele Beispiele bieten, und daß wir nicht nach Maßgabe vernünftiger Einsicht, sondern des Vorganges anderer leben. Daher jene gewaltige Anhäufung stürzender Menschen, die einer über den anderen fallen. Was man bei tödlichem Menschengedränge sieht, wo die Menge sich staut und sich selbst zerquetscht – niemand stürzt, ohne zugleich einen anderen mit zu Fall zu bringen, und die Vordersten ziehen die Folgenden mit sich –, das kann man durchgängig im Leben beobachten. Keiner irrt nur für sich, sondern gibt zugleich Grund und Veranlassung zum Irrtum anderer. Der blinde Anschluß an die Vorhergehenden wirkt aber schädlich, und während männiglich lieber glauben als selbst denken will, kommt es nie zu einem klaren eigenen Urteil über das Leben; immer hält man es nur mit dem Glauben an andere, und so treibt denn der von Hand zu Hand weitergegebene Irrtum mit uns sein Spiel und bringt uns zum Absturz: Die Beispiele anderer werden uns zum Verderben. Wir können Heilung finden; nur müssen wir uns absondern von der großen Masse. Allein wie die Sache jetzt liegt, wirft sich die Volksmenge zur Verteidigerin ihres eigenen Unheils gegen die Vernunft auf. Daher erlebt man Ähnliches wie in den Wahlversammlungen (Komitien), wo sich die eigentlichen Macher der Wahl selbst wundern, wenn infolge des Umschwunges der wandelbaren Volksgunst ihre eigenen Kandidaten zu Prätoren gewählt worden sind. Ein und dieselbe Sache erhält unsere Billigung, erhält unseren Tadel. Das ist der Ausgang jedes Gerichtes, wo nach dem Gutdünken der Menge entschieden wird.

2. Wenn es sich um das Lebensglück handelt, darfst du mir nicht mit einer Antwort kommen, wie sie bei den Abstimmungen im Senat üblich ist: »Auf dieser Seite scheint die Majorität zu sein.« Denn eben darum ist sie die schlimmere.[1] Wo es sich um Fragen der Menschheit handelt, sind wir nicht in der glücklichen Lage, sagen zu können, daß der Mehrzahl das Bessere gefalle: Der Standpunkt der großen Masse läßt gerade den Schluß auf das Schlimmste zu. Wir müssen also fragen, was zu tun das Beste, nicht was das Gebräuchlichste ist, und was uns den Besitz ununterbrochen dauernden Glückes sichert, nicht was dem großen Haufen, diesem verwerflichsten Ausleger der Wahrheit, genehm ist. Zur großen Masse rechne ich aber ebensogut gekrönte Häupter wie Menschen im

1 Bei Senatsabstimmungen hat die genaue Feststellung der Majorität ihren guten Sinn; denn da handelt es sich um eine Versammlung von Sachverständigen. Aber die Übertragung des Majoritätsprinzips auf Entscheidung von Fragen der Lebensführung wäre, wie Seneca ganz richtig zeigt, die reine Unvernunft. Gleich im dritten Kapitel spielt Seneca abermals auf technische Wendungen bei Verhandlungen und Abstimmungen im Senat an.

Kittel. Denn ich blicke nicht auf die Farbenpracht der Kleider, die dem Körper ein stattliches Aussehen verleihen; ich traue nicht den Augen, wo es sich um den Menschen handelt; ich habe eine bessere und zuverlässigere Leuchte, um Wahres und Falsches zu unterscheiden: Es ist des Geistes Wert, den der Geist auffinden soll. Ist er – der Geist – einmal dazu gekommen, ruhig aufzuatmen und Einkehr in sich zu halten, wie wird er sich dann unter dem selbstbereiteten Druck der Folterqualen die Wahrheit gestehen! »Alles«, wird er sagen, »was ich bisher getan, oh möchte es doch ungetan sein; überschlage ich im Geiste alles, was ich gesagt habe, so beneide ich die Stummen; alles, was ich mir gewünscht habe, erscheint mir wie ein Fluch aus dem Mund der Feinde; alles, was ich gefürchtet habe, gute Götter, wieviel geringer war das anzuschlagen als das, was ich mit heißem Verlangen mir vergebens herbeiwünschte! Mit vielen habe ich in Feindschaft gestanden und habe mich, dem Hass entsagend, wieder mit ihnen versöhnt, sofern überhaupt unter Übeltätern von Versöhnung die Rede sein kann. Meine Freundschaft mit mir selbst steht noch auf schwachen Füßen. Ich habe mir redlich Mühe gegeben, mich aus der großen Menge herauszuheben und durch irgendwelchen Geistesvorzug die Augen auf mich zu lenken. Und der Erfolg? Er war kein anderer als der, daß ich mich wohlgezielten Angriffen ausgesetzt sah und den Böswilligen die Blößen zeigte, wo sie mich packen konnten. Siehst du sie, die meine Beredsamkeit preisen, meinem Reichtum nachlaufen, um meine Gunst buhlen, meine Macht in den Himmel heben? Sie alle sind nichts anderes als entweder meine

Feinde oder, was dasselbe besagt, sie können es sein. Die Schar der Bewunderer ist nicht größer oder kleiner als die der Neider. Warum richte ich mein Sinnen und Trachten nicht vielmehr auf etwas als gut Erprobtes, dessen ich mir innerlich gewiß bin, statt auf etwas, womit ich nach außen hin Staat mache? All das, was die Augen auf sich zieht, was die Vorübergehenden haltmachen läßt, was der eine dem anderen staunend zeigt – es ist nichts als äußerer Glanz ohne jeden inneren Wert.«

3. Schauen wir also aus nach einem nicht äußerlich glänzenden Gut, sondern einem solchen, das in sich gefestigt und gleichmäßig ist und seine höhere Schönheit von weniger bemerkbarer Seite zeigt! Das laßt uns ausfindig machen. Und es liegt nicht in der Ferne; man muß nur wissen, wohin man die Hand strecken soll. Jetzt tappen wir gleichsam im Finsteren, haben das sehnsüchtig Gesuchte unmittelbar vor uns und gehen dicht daran vorüber. Doch um dir lange Umwege zu ersparen, will ich mich nicht auf die Meinungen anderer einlassen – denn es wäre eine zeitraubende Sache, sie aufzuzählen und zu widerlegen –: Laß dir meine Ansicht genügen. Wenn ich aber sage: meine Ansicht, so binde ich mich damit nicht an irgendeinen einzelnen Meister der Stoa: Auch ich habe das Recht der eigenen Meinung. Daher werde ich mich an diesen oder jenen anschließen, werde einen anderen auffordern, einzelne Punkte seiner Meinung bestimmt hervorzuheben, und werde, wenn ich etwa erst zuletzt aufgerufen werde, nichts von dem, wofür sich meine Vorgänger ausgesprochen haben, verwerfen und nur erklären: »Ich

stimme dafür, nur mit folgendem Zusatz.« Dabei halte ich mich, worin die Stoiker alle übereinstimmen, an die Natur.[2] Von ihr nicht abzuirren, nach ihrem Gesetz und Beispiel sich zu bilden, das ist Weisheit. Glücklich also ist dasjenige Leben, das mit seiner Natur in vollem Einklang steht. Dies Ziel zu erreichen ist aber nicht anders möglich, als wenn zuvörderst der Geist gesund und im dauernden Besitz dieser seiner Gesundheit ist, wenn er ferner tapfer und voll Feuer ist, sodann auch im Leiden ein schönes Muster von Ergebenheit, in die Umstände sich schickend, achtsam auf den Körper und seine Bedürfnisse, doch nicht bis zur Ängstlichkeit, voll Bedacht auch für alles, was sonst zum Leben gehört, ohne die mindeste Überschätzung, bereit, des Schicksals Gaben zu nutzen, nicht aber, um sich zu ihrem Sklaven zu machen. Als Folge davon stellt sich – das ist dir auch ohne ausdrücklichen Hinweis darauf klar – andauernde Ruhe verbunden mit dem Gefühl der Freiheit ein unter Fernhaltung von allem, was uns reizt oder in Schrecken versetzt. Denn ist der Reiz der Sinnengenüsse geschwunden, so stellt sich statt dessen, was kleinlich, hinfällig und eben durch seine Lasterhaftigkeit schädlich ist,[3] eine erstaunlich frohe Stimmung

---

2 Bei diesem grundsätzlichen Anschluß der Stoiker an die Natur ist wohl zu beachten die Zweideutigkeit des Ausdrucks φύσις in allen Formeln, mit denen die Stoiker ihr Prinzip aussprechen, indem darunter teils ethisch die Natur des Menschen, teils metaphysisch die Natur der Dinge verstanden wird. Für den Menschen ist wieder zu scheiden: a) die Überlegenheit der Menschen überhaupt durch den Verstand (λόγος) und b) die besondere Geistesanlage der einzelnen Menschen.

3 In dieser schlecht überlieferten Stelle schließt sich meine Übersetzung an die Wiederherstellung Reitzensteins an.

ein, unerschütterlich und sich immer gleichbleibend, sodann Friede und Eintracht der Seele, sowie hochherzige Gesinnung verbunden mit Sanftmut; denn wilde Rohheit hat ihren Ursprung immer nur in der Schwäche.

4. Man kann den Begriff des höchsten Gutes auch noch anders bestimmen, nämlich so, daß man denselben Inhalt mit anderen Worten umschreibt. Wird doch das nämliche Heer bald in gedehnterer, bald in mehr gedrängter Front aufgestellt, und entweder in einer von den Flügeln nach dem Zentrum eingebogenen oder in gerader Linie formiert, wobei, gleichviel wie es geordnet ist, seine Kraft sowie seine Bereitschaft, für dieselbe Sache einzutreten, die nämliche bleibt. Ähnlich steht es mit der Bestimmung des höchsten Gutes: Das eine Mal kann sie in gegliederter und weitläufiger, das andere Mal in kurzer und gedrängter Form gegeben werden. Es kommt also auf dasselbe hinaus, wenn ich sage: »Das höchste Gut ist eine alles Zufällige gering achtende, nur an der Tugend sich erfreuende Sinnesart« oder: »Eine unbeugsame Seelenkraft, kundig der Dinge, bedächtig und ruhig im Handeln, voll Menschenliebe und fürsorgender Teilnahme für die Umgebung«. Man kann auch so definieren, daß man sagt: »Glücklich ist derjenige Mensch, für den es nichts Gutes und Übles gibt als die gute und die schlechte Gesinnung, der der edlen Sitte huldigt, dem nichts über die Tugend geht, den Schicksalsfügungen nicht stolz, aber auch nicht verzagt machen, der kein größeres Gut kennt als das, welches er sich selbst geben kann, dem die wahre Lust die Verachtung der Lüste ist.« Will man sich gehen lassen, so kann man das Nämliche ohne

jede Schädigung oder Beeinträchtigung des Sinnes noch in diese und jene Form umgießen. Denn was hindert uns zu sagen, ein glückliches Leben habe seinen Bestand in einer freimütigen, aufrechten, unerschrockenen und standhaften Sinnesart, die, jeder Furcht, jeder Begierde enthoben, begeistert ist für die Ehre als einziges Gut, voll Abscheu gegen die Schande als einziges Übel, während alles übrige nichts ist als eitler Tand, das Lebensglück weder beeinträchtigend noch erhöhend, kommend und gehend ohne Vermehrung oder Verminderung des höchsten Gutes? Ihm, der auf so festem Grund steht, muß notwendig, mag er wollen oder nicht, heitere Stimmung beständige Gefährtin sein sowie auch ein herzlicher, weil aus dem Herzen kommender Frohmut; denn worüber er sich freut, das darf er sein Eigentum nennen, und seine Wünsche gehen nicht hinaus über das, worüber er zu gebieten hat. Sollte solcher Besitz nicht in vollem Maße aufwiegen die kümmerlichen, verächtlichen und rasch vorüberschwindenden Heizungen unseres armseligen Körpers? Der nämliche Tag, an dem er die Lust zu seinem Gebieter macht, macht auch den Schmerz zu seinem Herrn. Du hast ja doch ein offenes Auge für das Üble und Schädliche der Knechtschaft, in die derjenige sich begibt, den Lust und Schmerz, diese unbeständigsten und zügellosesten Herrscher, abwechselnd in Beschlag nehmen. Also gilt es sich loszuringen, um den Weg zur Freiheit zu gewinnen. Sie zu erlangen gelingt nur durch die Gleichgültigkeit gegen das Schicksal: Dann wird sich jenes unschätzbare Gut einstellen, jene fest in sich gegründete Seelenruhe und Geisteshoheit, jene erhabene und unerschütterliche Freude, die nach Austreibung des Irrtums aus der Erkenntnis der Wahrheit entspringt, jene Herzlichkeit und Gemütsheiterkeit, an der er seine Freude hat nicht als an Gütern an sich, sondern als an Früchten des ihm als Eigentum zugehörigen Gutes.

5. Da ich mit Begriffsbestimmungen einmal im Zuge bin, so sei noch folgendes hinzugefügt: Glücklich kann derjenige genannt werden, der weder von Begierden, noch von Furcht erregt wird – wohlverstanden dank seiner vernünftigen Einsicht. Denn auch das Felsgestein ist frei von Furcht und Traurigkeit und ebenso das Vieh; doch wird sie niemand glücklich nennen, sie, denen jedes Bewußtsein des Glückes fehlt. Ebenso steht es mit denjenigen Menschen, die ihr Stumpfsinn und der Mangel an Selbstbewußtsein auf die Stufe des Viehs und der leblosen Dinge[4] gesetzt hat. Es ist kein Unterschied zwischen jenen und diesen; denn haben letztere überhaupt keine Vernunft, so haben zwar jene so etwas wie Vernunft, aber eine verkehrte, unheilvolle und widersinnig wirkende; kann doch niemand glücklich genannt werden, der von Wahrheit nicht die mindeste Ahnung hat. Das glückliche Leben gründet sich also auf ein richtiges und sicheres und keinen Schwankungen unterliegendes Urteil. Nur dann nämlich ist der Geist rein und aller Übel ledig, wenn er nicht nur gegen Lästerungen gefeit ist, sondern auch gegen Nadelstiche, fest entschlossen, nicht zu weichen von der Stelle, wo er einmal Fuß gefaßt hat, und seinen Platz gegen

4 Es ist mit Reitzenstein in animalium zu lesen für animalium.

jede Wut und Feindseligkeit des Schicksals zu verteidigen; denn was die Sinnenlust anlangt, mag sie auch von allen Seiten sich uns aufdrängen und keinen Zugang unbenutzt lassen und die Seele mit ihren Reizmitteln umschmeicheln und bald dies bald jenes Register ziehen, um uns, sei es den Menschen im ganzen oder nach seinen einzelnen Organen, in begehrliche Unruhe zu versetzen, so frage ich doch: Welcher Sterbliche, in dem auch nur eine Spur von Menschentum sich noch findet, möchte sich wohl Tag und Nacht kitzeln lassen und unter völliger Preisgabe der Seele all sein Denken und Trachten in den Dienst des Leibes stellen?

6. »Aber auch die Seele«, sagt man, »wird doch ihre Vergnügungen haben.« Ja, mag sie sie haben und über Schwelgerei und Sinnengenuß entscheiden, mag sie sich anfüllen mit alledem, was gemeinhin der Sinnenlust dient, mag sie zurückschauen auf die Vergangenheit und schwelgen in der Erinnerung an geschwundene Lusterregungen und schon auf der Lauer liegen für weiterhin kommende, mag sie Hoffnung an Hoffnung reihen und, während der Leib noch nicht fertig ist mit Verdauung der jetzigen Überfütterung, mit ihren Gedanken der weiterhin kommenden vorgreifen: In meinen Augen wird sie nur um so bedauernswerter sein; denn das Schlechte zu wählen statt des Guten ist nichts als Torheit. Ohne gesunde Vernunft kann niemand glücklich sein, und geistig gesund ist niemand, der das Schädliche erstrebt statt des Besten. Glücklich ist also nur, wer im Besitz gesunden Urteils ist; glücklich ist nur, wer mit seiner Lage, welcher Art sie auch sein mag, zufrieden ist und in Eintracht mit seinen Verhältnissen

lebt; glücklich ist nur der, dessen ganze Lebenslage sich der Billigung der Vernunft erfreut.

7. Haben doch selbst diejenigen, die das höchste Gut in die Gedärme[5] verlegt haben, ein Einsehen dafür, welche schimpfliche Stellung sie ihm angewiesen haben. Sie behaupten daher, die Lust könne von der Tugend nicht getrennt werden, und versichern, niemand könne tugendhaft leben, ohne zugleich lustvoll zu leben, und niemand lustvoll, ohne zugleich tugendhaft. Ich wüßte nicht, wie es möglich sei, so verschiedene Dinge zusammenzukoppeln. Laßt, ich bitte euch, den Grand hören für die angebliche Untrennbarkeit von Lust und Tugend! Wurzelt denn etwa, weil das Gute in der Tugend seine Quelle hat, in dieser auch das, worauf euer Sinnen und Trachten gerichtet ist? Allein, wären Lust und Tugend wirklich untrennbar, so würden wir im Leben nicht so manches zu sehen bekommen, was angenehm, aber nicht tugendhaft, so manches hinwiederum, was in höchstem Maß tugendhaft, dabei aber voll Ungemach und nur unter Schmerzen zu erringen ist. Dazu kommt noch folgendes: Die Lust gesellt sich auch dem schimpflichsten Leben zu; die Tugend dagegen hat mit schlechtem Leben nichts gemein; und es gibt Leute, die unglücklich sind nicht aus Verzicht auf die Lust, sondern gerade um der Lust willen, was nicht der Fall wäre, wenn mit der Tugend die Lust untrennbar vereinigt wäre, auf welch letztere die Tugend oft verzichten muß, ohne sie indes jemals nötig zu haben. Warum stellt ihr Dinge zusammen, die einander nicht ähnlich,

5 Es ist mit Madvig und Gertz iliis zu lesen für illis.

ja geradezu entgegengesetzt sind? Die Tugend ist etwas Hohes, Erhabenes und Königliches, unüberwindbar, nicht mürbe zu machen: die Lust etwas Niedriges, Sklavisches, Schwächliches, Einfältiges, dessen Heimstätte und Wohnort Bordelle und Garküchen sind. Der Tugend wirst du begegnen im Tempel, auf dem Forum, in der Kurie; sie steht als Wächterin vor den Mauern, staubbedeckt, mit gerötetem Antlitz, mit schwieligen Händen; die Lust dagegen versteckt sich häufiger in der Nähe von Bädern, Schwitzstuben und Bezirken, wo man vor der Polizei Angst hat, weichlich, kraftlos, von Wein und Salböl triefend, bleich oder geschminkt und durch Arzneien fast zum Leichnam gemacht. Das höchste Gut trägt den Stempel der Unsterblichkeit; es kennt kein Ende, keinen Überdruß, keine Reue; denn die rechte Sinnesart kennt keinen Wechsel und keinen Widerwillen gegen sich selbst und weicht keinen Finger breit ab von der besten Gestaltung des Lebens. Die Lust dagegen erlischt, sobald sie den Höhepunkt des Entzückens erreicht hat; sie hat keinen weiten Spielraum; daher bringt sie schnelle Sättigung, wird uns zum Ekel und welkt nach der ersten stürmischen Hingabe wieder ab. Es ist kein Verlaß auf irgend etwas, das seinen natürlichen Bestand in nichts anderem als in der Bewegung hat. So kann es denn auch durchaus keinen festen Gehalt haben; geht es doch ebenso schnell vorüber, wie es kommt, zum Untergang bestimmt durch die Art, wie es mit sich selbst verfährt; es eilt dem Ende zu, und der Anfang weist schon auf den Schluß hin.

8. Ist das Lustgefühl nicht ebensowohl eine Mitgabe für die Bösen wie für die Guten, und haben die Schur-

ken etwa weniger Wohlgefallen an ihrer Schändlichkeit als die Tugendhaften an den sie auszeichnenden Vorzügen? Daher das alte Mahnwort, dem besten Leben müsse man nachtrachten, nicht dem lustvollsten; denn die Lust soll sich nicht zum Leiter des rechten und guten Willens aufwerfen, sondern soll nur sein Begleiter sein. Soll doch unser Führer die Natur sein: Sie ist es, auf welche die Vernunft achtet und deren Rat sie einholt. Glücklich leben und naturgemäß leben kommt also auf dasselbe hinaus. Was das besagen will, darüber sei folgende Auskunft erteilt: Wir müssen uns an unsere körperlichen Anlagen und das, was unserer Natur entspricht, achtsam und ohne Zagen als an vergängliche und flüchtige Dinge halten, dürfen uns nicht in ihre Knechtschaft begeben und sie, die nicht unser eigentliches Ich sind, nicht zu Herren über uns werden lassen, müssen vielmehr, was dem Körper erwünscht ist und was uns von außen her zukommt, so betrachten, als wären es Hilfstruppen und Leichtbewaffnete im Heereslager – uns zu dienen sind sie bestimmt, nicht uns zu beherrschen –; nur dann sind sie unserem Geiste als unserem eigentlichen Wesen nützlich. Unzugänglich und unüberwindlich für äußere verderbliche Einflüsse sei der Mann, sei ein Bewunderer nicht anderer, sondern seiner selbst, habe Zutrauen zu sich und sei auf alles gefaßt, ein Selbstgestalter seines Lebens. Sein Selbstvertrauen sei nicht ohne Einsicht, seine Einsicht nicht ohne Beharrlichkeit: Was er einmal beschlossen, das soll auch Bestand haben, und seine Entscheidungen sollen nicht rückgängig gemacht werden. Selbstverständlich wird ein solcher Mann ein Meister tadelloser Haltung sein und in allen seinen Handlungen Zeugnis ablegen von Hochherzigkeit verbunden mit Menschenfreundlichkeit. Die Außenwelt soll er erforschen mit dem durch die Sinnesorgane erregten Verstand, und diese Anregung soll er zum Ausgangspunkt nehmen – denn er hat keinen anderen Anhalt für sein Beginnen und für die Befriedigung seines Bedürfnisses, der Wahrheit auf die Spur zu kommen –, aber er soll in sich selbst zurückkehren. Denn auch die alles umfassende Welt und ihr Leiter, die Gottheit, hat zwar ein Streben nach außen, kehrt aber von allen Richtungen her in sich selbst zurück. Ebenso soll es unser Geist halten: Hat er sich, der Anregung seiner Sinnesorgane folgend, mit der Außenwelt beschäftigt, so zeige er sich ihrer wie seiner selbst mächtig. Auf diese Weise wird sich jene einheitliche Kraft und Macht bilden, die mit sich in Einklang steht und deren Frucht jene unerschütterliche Einsicht ist, die keinen Zwiespalt kennt und sich nicht verfängt in bloßen Meinungen, Vorstellungen und Einbildungen. Wenn sie zu ihrer rechten Gliederung und zu allseitigem Zusammenschluß und sozusagen zu harmonischem Zusammenklang gelangt ist, dann hat sie die Schwelle des höchsten Gutes erreicht. Denn da findet sich nichts Verkehrtes, nichts Unsicheres mehr, nichts, woran sie straucheln und zu Fall kommen könnte. Alles wird da der Mensch auf eigenen Befehl tun, und nichts wird sich ereignen, worauf er nicht gefaßt wäre, wenn er mit Leichtigkeit und Entschlossenheit und ohne zu zögern zum Handeln schreitet. Denn Trägheit und Unentschlossenheit ist ein Zeichen von innerem Kampf und Unbeständigkeit.

Darum kann man kühn sagen, das höchste Gut sei Seeleneintracht. Denn da kann es wohl an Tugenden nicht fehlen, wo Übereinstimmung und Einheit sich findet: Zwietracht hat ihren Sitz bei den Lastern.

9. »Indes auch du«, wendet man ein, »huldigst der Tugend aus keinem anderen Grund, weil du von ihr irgendwelche Lust erwartest.« Erstens, wenn die Tugend irgendwelche Lust gewähren sollte, so folgt daraus nicht, daß sie um dieser willen erstrebt werde; denn sie gewährt nicht schlechtweg Lust, sondern gewährt diese nur zugleich mit, und sie strengt sich nicht für diese an, sondern ihre Anstrengung wird, wenn sie auch auf etwas anderes abzielt, doch diese zugleich mit erlangen. So wie auf einem Acker, der durch den Pflug für die Saat gelockert ist, mancherlei Blumen mit aufwachsen, ohne daß etwa für dieses Nebengewächs, mag es auch dem Auge gar wohl tun, soviel Mühe verwandt worden wäre – die Absicht des Sämanns war eine andere, das hat sich nur nebenbei eingefunden –, so ist die Lust nicht Lohn oder Grund der Tugend, und sie gefällt nicht, weil sie ergötzt, sondern wenn sie gefällt, so ergötzt sie zugleich. Das höchste Gut liegt in unserem Urteilsvermögen selbst und in dem bestbeschaffenen Verstand; hat dieser seine Bestimmung erreicht und hat er sich Beine feste Grenzen gebildet, dann ist das höchste Gut zu seiner Vollendung gelangt und verlangt nach nichts Weiterem; denn über das Ganze hinaus gibt es nichts, so wenig wie über das Ende hinaus. Daher gehst du fehl, wenn du fragst, was es sei, um deswillen ich die Tugend erstrebe; denn du fragst nach etwas, was über das Höchste hinausgeht. »Was verlangst du denn von

der Tugend?« So fragst du. Ich antworte: »Sie selbst.« Denn sie hat nichts, was besser wäre als sie, sie ist sich selbst ihr Preis.[6] Oder ist das etwa zu wenig? Wenn ich dir sage: »Das höchste Gut ist eine unerschütterliche Unbeugsamkeit, Umsicht, Erhabenheit, Gesundheit, Freiheit, Harmonie und Schönheit der Seele«, forderst du auch dann noch irgend etwas Höheres, durch das diese Vorzüge erst ihre volle Bedeutung erhalten? Was redest du nur von Lust? Des Menschen Bestes ist es, worauf ich es abgelegt habe, nicht des Bauches, der geräumiger ist beim Vieh und beim Wild.

10. »Du willst mich absichtlich nicht verstehen«, entgegnest du, »behaupte ich doch, niemand könne lustvoll leben, wenn er nicht gleichzeitig auch tugendhaft lebt, was bei verstandlosen Tieren nicht möglich ist wie überhaupt nicht bei solchen, die ihr ganzes Glück im Essen finden. Klar und offen, behaupte ich, trete ich dafür ein, daß dasjenige Leben, das ich als lustvolles bezeichne, ohne Einfluß der Tugend nicht möglich ist.« Gut. Aber wer weiß nicht, daß gerade die Stumpfsinnigsten es am meisten mit diesen eueren Erlustigungen halten, und daß das Laster in Lustbarkeiten geradezu schwelgt, ja, daß die Seele selbst darauf ausgeht, allerlei verderbliche Arten der Lust für sich ausfindig zu machen? Vor allem Übermut und Selbstüberschätzung und eine über die anderen sich erhaben dünkende Aufgeblasenheit; ferner blinde und jeder Umsicht bare Verliebtheit in alles Eigene, reichliche Üppigkeit, stürmisches Frohlocken über Kleinigkeiten und Kin-

6 Eine kritisch unsichere Stelle.

dereien, ferner witzelnde Geschwätzigkeit und hoffärtige Schmähsucht, mattherzige und schläfrige Trägheit und Schlaffheit. Mit alledem räumt die Tugend gründlich auf, hält strenge Musterung und schätzt die Lüste gegeneinander ab, ehe sie Zulaß gewährt; ja, selbst diejenigen, denen sie ihre Billigung nicht versagt hat, schätzt sie nicht hoch ein oder läßt sie unter allen Umständen zu. Was ihr Freude macht, ist nicht der Genuß, sondern die Mäßigung im Genuß. Die Mäßigung aber mindert den Einfluß der Lüste, und darum vergreift sie sich an deinem höchsten Gut. Du umschlingst die Lust mit beiden Armen, ich dämpfe sie; du schwelgst in der Lust, mir ist sie nur Mittel zum Zweck; du hältst sie für das höchste Gut, ich überhaupt nicht für ein Gut; du tust alles der Lust wegen, ich nichts.

11. Wenn ich sage, ich tue nichts um der Lust willen, so rede ich von jenem Weisen, dem du allein die Lust (als berechtigtes Prinzip) zuerkennst.[7] Ein Weiser aber ist in meinen Augen nicht der, der noch irgend etwas über sich hat und vollends gar die Lust. Von ihr beherrscht, wie könnte er die Widerstandskraft finden gegen Mühsal und Gefahr, gegen Armut und gegen die zahlreichen das Menschenleben umschwirrenden Bedrohungen? Wie wird er den Anblick des Todes, wie die Schmerzen aushalten? Wie das Krachen des Weltgefüges und die gewaltigen Scharen grimmigster

7 Hier halte ich an der handschriftlichen Überlieferung fest, die concedis bietet. Irre ich nicht, so ist mit dem ille sapiens Epikur gemeint, für den sich Gallio durchweg einsetzt, indem er nur die mit der Tugend harmonierende Lust als wirkliche Lust anerkennt, wogegen Seneca geltend macht, daß die Tugend dabei doch nur das Untergeordnete sei, während der Lust die entscheidende Stellung zufalle.

Feinde, er, der sich von einem so weichlichen Gegner hat überwinden lassen? »Alles, wozu die Lust ihm rät, wird er tun.« Schau hin! Siehst du nicht, wie vieles sie ihm anraten wird? »Sie kann ihm nichts Schimpfliches raten«, lautet die Entgegnung, »weil sie Gefährtin der Tugend ist.« Siehst du da nicht abermals, wie es mit dem höchsten Gute bestellt ist, das eines Wächters bedarf, um überhaupt ein Gut zu sein? Wie aber wäre die Tugend imstande, die Lust zu beherrschen, deren Wink sie folgt? Ist Folgsamkeit nicht Sache des Gehorchenden, Leitung Sache des Befehlenden? Kehrst du die Stellung von beiden um? Ein herrliches Amt aber hat bei euch die Tugend als Vorkosterin im Dienst der Lust! Doch es wird sich herausstellen, ob bei denen, die mit der Tugend so schmachvoll umgehen, überhaupt noch von Tugend die Rede ist; kann sie doch ihren Namen nicht mehr führen, wenn sie von ihrem Platz hat weichen müssen. Einstweilen genügt es, hinsichtlich des vorliegenden Themas euch zahlreiche Beispiele anzuführen von Männern, die ganz den Lüsten ergeben, vom Glück mit allen seinen Gaben überschüttet wurden, und von denen du gleichwohl eingestehen mußt, daß sie erbärmliche Gesellen waren. Schau hin auf euern Nomentanus und Apicius, die die Leckerbissen von Land und Meer – diese köstlichen Güter, wie sie sie nennen – verdauen und auf ihrem Tisch eine Musterkarte der ganzen Tierwelt ausgebreitet sehen. Schau hin auf diese Nämlichen, wie sie auf Rosenlager gebettet ihre Blicke über die Erzeugnisse ihrer Garküche schweifen lassen, wie sie ihre Ohren weiden am Klang der Gesänge, ihre Augen an Schauspielen, ihren

Gaumen an Leckerbissen! Durch weiche und sanfte Wärmkissen wird ihr ganzer Leib zur Empfänglichkeit angeregt, und, um auch die Nase mit zu beschäftigen, wird auch der Ort selbst, wo man der Üppigkeit opfert, mit allerhand Wohlgerüchen erfüllt. Von diesen mußt du doch sagen, daß sie in Lustbarkeit leben, und doch wird ihnen nicht wohl sein, weil es kein Gut ist, an dem sie ihre Freude haben.

12. »Allerdings«, heißt es darauf, »wird es ihnen nicht wohl zu Mute sein; denn es kommt ihnen mancherlei der Quere, was sie in ihrer Stimmung stört, und der Zwiespalt in ihrem Inneren wird ihren Geist beunruhigen.« Daß dem so sein wird, gebe ich zu; allein nichtsdestoweniger werden jene Toren selbst trotz ihrer inneren Unausgeglichenheit und trotz des Druckes der Reue, unter dem sie liegen, große Lustempfindungen genießen, so daß man gestehen muß, sie seien in solcher Lage von jedem Gefühl der Belästigung ebensoweit entfernt wie von der rechten Sinnesart, und, wie das bei den meisten der Fall ist, sie seien in einem heiteren Wahnsinn und in lachender Tollheit befangen. Dagegen sind die Lustempfindungen der Weisen zurückhaltend, maßvoll und beinahe matt, gedämpft und kaum bemerkbar; stellen sie sich ja doch ungerufen ein, und obschon sie sich von selbst eingefunden haben, werden sie doch nicht mit hohen Ehren und mit besonderer Freude von seiten der Genießenden empfangen; man mischt sie ins Ganze mit ein und gewährt ihnen einen Anteil am Leben, wie man Spiel und Scherz dem Ernst beigesellt.

Weg also mit dieser Verdoppelung des nicht Zusammengehörigen, mit dieser Verflechtung der Lust und der Tugend, einer Verkehrtheit, mit der man nur den verworfensten Gesellen schmeichelt! Siehe da diesen ausgemachten Wollüstling, der sich immer wieder entlädt und in Trunkenheit taumelt: Er weiß, daß er ein lustvolles Leben führt, und darum glaubt er, dieses Leben sei auch ein tugendhaftes; hört er doch von anderen, die Lust sei untrennbar von der Tugend, und darum gibt er seine Laster für Weisheit aus und bekennt sich offen zur Schamlosigkeit. Es ist also nicht Epikur, von dem sie den Antrieb zu ihrer Schwelgerei erhalten haben; nein, ihren Lastern ergeben, verbergen sie ihre Genußsucht in den Falten seines Philosophenmantels und drängen sich dahin, wo, wie sie hören, das Lob der Lust erklingt. Und dabei beachten sie nicht – und das ist wahrhaftig meine Überzeugung –, wie nüchtern und trocken sich die Lust in der Auffassung Epikurs darstellt, sondern der bloße Name macht, daß sie herbeieilen, um für ihre Lustbegierden einen Schirm und Schleier zu finden. So geht ihnen denn auch das einzige Gute verloren, was sie in ihrer Schlechtigkeit noch hatten, die Scheu vor der Sünde. Denn sie loben nun das, wovor sie vorher immerhin noch erröteten; ja sie rühmen sich nun ihres Lasters; und so darf jene verschwindende Scheu[8] überhaupt nicht wagen, sich wieder zur Geltung zu bringen, nachdem das schimpfliche Lotterleben einmal einen ehrbaren Titel bekommen hat. Da-

8 Hier lese ich für das überlieferte adulescentiae, das keinen Sinn ergibt, abolescenti ei, mit Beziehung auf das vorhergehende verecundiam. E. Thomas schlug abolescenti paenitentiae vor, andere anderes.

rin liegt der Grund des verderblichen Einflusses jener Anpreisung der Lust: Was sittlich aufklärend und belehrend wirkt, das entzieht sich zunächst den Blicken; was aber die Sitten verdirbt, das liegt offen zutage.

13. Ich selbst bin trotz des vermutlichen Widerspruchs meiner philosophischen Zunftgenossen[9] der Meinung, daß des Epikurs Lehre sittlich tadelfrei und richtig ist und, wenn man ihr nähertritt, sogar nicht frei von einer gewissen Härte; denn jene Lust wird im Grunde auf ein äußerst bescheidenes Maß zurückgeführt, und die Forderung, die wir an die Tugend stellen, stellt er an die Lust: Sie soll der Natur gehorchen; der Natur aber genügt ein äußerst bescheidenes Maß von Üppigkeit. Wie steht es also? Jener, der seine Faulenzerei und den Wechsel von Küche und Bordell Glück nennt, sucht nach einem ehrenwerten Gewährsmann für eine schlechte Sache, und ist er, angelockt durch den verführerischen Namen, an Ort und Stelle angelangt, dann ergibt er sich der Lust, und zwar nicht der, von welcher er dort hört, sondern der, die er selber mitgebracht hat, und hat er sich einmal eingeredet, seine Laster stünden mit der Lehre in leidlicher Übereinstimmung, so fröhnt er ihnen ohne Scheu und wirft sich der Schwelgerei in die Arme nicht mehr im Verborgenen, sondern fortab erhobenen Hauptes. Daher behaupte ich nicht, wie die meisten der Unseren, Epikurs Schule sei eine Lehrerin der Laster; vielmehr lautet meine Behauptung so: Man spricht übel von ihr, sie ist verrufen, und zwar mit Unrecht. Wie kann das einer wissen, wenn er nicht

9 Das sind hier offenbar die populares.

in ihr eigentliches Heiligtum Zutritt erhalten hat? Ihre Außenseite ist es eben, die unwillkürlich Anlaß zu solchem Grund gibt und zu schlimmen Erwartungen verleitet. Es steht damit, wie mit einem Helden, der sich in Weiberkleidung gehüllt hat. Du bist deiner Ehrbarkeit sicher, deine Mannbarkeit ist unangetastet, dein Körper frei von jeder schimpflichen Berührung; aber in der Hand führst du die Pauke.[10] Möge man also eine ehrbare Aufschrift und äußere Bezeichnung wählen, die schon durch sich selbst der Seele eine Anregung gibt! Diejenige Bezeichnung, die sich für diese Schule eingebürgert hat, schmeichelt dem Körper und hat geradezu eingeladen zu den Lastern, die sich alsbald eingefunden haben.[11] Wer zur Sache der Tugend hält, der legt auch Proben ab von seiner edlen Anlage; wer aber der Last nachgeht, der zeigt sich entnervt, geknickt, der Männlichkeit bar und in Gefahr, der Schande zu verfallen, wenn ihm nicht einer klaren Aufschluß gegeben hat über die unterschiedlichen Arten der Lust, um ihn zu der Erkenntnis zu bringen, welche von ihnen sich innerhalb des natürlichen Bedürfnisses halten und welche von ihnen blindlings dahinstürmen und sich ins Grenzenlose verlieren und um so unersättlicher sind, je mehr sie gesättigt werden. Wohlan denn, man lasse der Tugend den Vortritt, und jeder Schritt wird gesichert sein. Ein Übermaß von Lust ist schädlich. Bei der Tugend braucht man nicht zu fürchten, daß ein Übermaß

10 Anspielung der Kybelepriester.

11 Diese lückenhaft überlieferte Stelle ist von Reitzenstein richtig ergänzt worden. Dem entspricht meine Übersetzung.

bei ihr eintrete, denn in ihr selbst liegt ja das Maß. Das ist kein Gut, was mit seiner eigenen Größe zu ringen hat. Wer von Natur ein vernunftbegabtes Wesen ist, was kann dem Besseres dargeboten werden als die Vernunft? Und wenn du Gefallen findest an jener Verdoppelung von Tugend und Lust und nur in diesem Geleite den Weg zum glücklichen Leben zurücklegen willst, gut, so gehe die Tugend voran, die Lust sei nur ihr Begleiter und schwebe wie ein Schatten um den Körper. Die Tugend, diese erhabenste Herrscherin, zur Magd der Lust zu machen, dazu kann nur der sich verstehen, dem für wirkliche Größe jede Auffassung fehlt.

14. Voran gehe die Tugend, sie sei die Bannerträgerin; an Lust wird es uns trotzdem nicht fehlen; doch werden wir sie zu beherrschen und zu mäßigen wissen; durch Bitten wird man uns etwas abgewinnen können, durch Zwang niemals. Dagegen bringen sich diejenigen, die der Lust den Vorrang einräumen, um beides; denn die Tugend geht ihnen verloren, und was die Lust betrifft, so sind sie nicht Herren derselben, sondern ihre Sklaven, indem sie entweder durch den Mangel daran gequält oder durch die Überfülle erstickt werden, erbarmungswert, wenn sie sich von ihr verlassen sehen, erbarmungswerter, wenn sie von ihr überschüttet werden, ähnlich denen, die den Gefahren des Syrtenmeeres preisgegeben sind und die bald auf dem Trockenen sitzen bleiben, bald wieder in wogender Flut dahingeschaukelt werden. Das ist die Folge des Übermaßes an Zügellosigkeit und der (blinden) Vernarrtheit in wer weiß was; denn wessen Streben statt auf Gutes auf Schlechtes gerichtet ist, für den ist es

gefährlich, seinen Wunsch zu erreichen. Wie wir auf wilde Tiere mit Mühe und Gefahr Jagd machen und selbst, wenn es gelungen ist, sie einzufangen, ihr Besitz doch kein unbedenklicher ist – denn oft zerfleischen sie ihre Herren –, so steht es auch mit den starken Aufregungen der Lust: Sie schlagen zum großen Unheil aus, und, in unsere Gewalt gebracht, bewältigen sie uns selbst. Je zahlreicher und größer sie sind, um so tiefer sinkt der, den die Menge den Glücklichen nennt, und um so größer ist die Zahl derer, deren Sklave er ist.

Ich möchte bei diesem Bild noch etwas länger verweilen: Wie der Jäger, der das Lager des Wildes aufspürt und nicht geringen Wert darauf legt.[12]

*mit der Schlinge zu fangen das Wild*
und
*mit Hunden zu sperren den weit sich dehnenden Bergwald,*

um seiner Spur zu folgen, Wichtigeres im Stich läßt und sich vielen Obliegenheiten entzieht, so läßt der, welcher der Lust nachjagt, alles andere liegen, und die Freiheit ist das erste, was er preisgibt und seinem Bauch opfert; weit entfernt, sich die Lust zu erkaufen, verkauft er vielmehr sich selbst der Lust.

15. »Aber was steht denn«, heißt es zur Erwiderung darauf, »dem im Wege, daß Tugend und Lust sich zur Einheit verschmelzen und so das höchste Gut geschaffen wird, dergestalt, daß zwischen Sittlichkeit und Lust kein Unterschied mehr besteht?« Darum, weil, was ein

---

12 Vgl. Georg. I 139 f.

Teil des Sittlichen ist, notwendig auch sittlich sein muß, und weil das höchste Gut sich nicht mehr im Vollbesitz seiner Reinheit fühlen wird, wenn es etwas in sich bemerkt, was von dem Besseren absticht. Auch die Freude, die der Tugend entquillt, so gut sie auch ist, ist doch kein Teil des unbedingt Guten, ebensowenig wie Fröhlichkeit und Ruhe, mögen die Ursachen, aus denen sie stammen, auch noch so schön sein; denn sie gehören zwar zu den Gütern, sind aber nur Folgen des höchsten Gutes, nicht eigentliche Bestandteile desselben. Wer aber Tugend und Lust zur Gemeinschaft verbindet, und zwar nicht einmal mit gleichem Rang für beide, der schwächt durch die Gebrechlichkeit des einen Gutes alle Lebenskraft des anderen ab und macht die Freiheit, sie, die nur dann unüberwindlich ist, wenn sie nichts Wertvolleres über sich kennt, zur Sklaverei. Denn fortan bedarf sie der Gunst des Schicksals, und das ist die schwerste Knechtschaft. So kommt es denn zu einem Leben voll Angst, Mißtrauen, Zagen, Furcht vor dem Zufall und vor zeitlichen Wechselfällen. Du gibst der Tugend kein wuchtiges, unerschütterliches Fundament, sondern weist ihr einen wandelbaren Standort an; was aber wäre so wandelbar wie die Erwartung von Zufälligkeiten und die schwankende Beschaffenheit des Körpers und der den Körper beeinflussenden Dinge? Wie kann man da der Gottheit gehorsam bleiben und alles, was da kommen mag, mit edler Fassung über sich ergehen lassen ohne Klage über das Schicksal, vielmehr bereit, alles Schlimme zum Besten auszulegen, wenn man schon die leiseste Regung von Lust und von Schmerz über sich Herr werden läßt? Ja, selbst dem

Vaterland kann man kein Beschützer oder Retter sein, sowenig wie ein Verteidiger seiner Freunde, wenn unsere Neigung nun einmal den Lüsten zugewendet ist. Es muß also das höchste Gut sich zu jenem Punkt erheben, von dem es durch keine Gewalt herabgezogen werden kann, zu dem weder Schmerz noch Hoffnung noch Furcht noch sonst irgend etwas Zutritt hat, was dem guten Recht des höchsten Gutes Eintrag tun könnte. Diese Höhe kann aber nur die Tugend erklimmen. Ihren Schritt muß man einhalten, um jenem Gipfelpunkt siegreich beizukommen. Sie wird heldenhaft standhalten und was auch kommen mag ertragen, nicht nur geduldig, sondern auch willig, und wird sich immer dessen bewußt sein, daß jede zeitliche Schwierigkeit in dem Gesetz der Natur begründet ist; sie wird wie ein braver Soldat sich ihre Wunden gefallen lassen, wird ihre Narben zählen und, von Geschossen durchbohrt, sterbend noch denjenigen lieben, für den sie fällt, ihren Feldherrn; es wird ihr der alte Spruch vorschweben: »Folge der Gottheit!« Wer aber klagt und jammert und seufzt, der wird gewaltsam gezwungen, dem Befehl nachzukommen und trotz allen Widerstrebens zum Gehorsam genötigt. Welche Torheit aber ist es, sich zwingen zu lassen, statt folgsam zu sein. Wahrhaftig, ebenso wie es Einfältigkeit und Verkennung der eigenen Lebensbedingungen ist, wenn man sich darüber grämt, daß man auf etwas verzichten muß oder einen Stein des Anstoßes wegzuräumen hat, nicht minder auch, wenn man sich verwundert oder unwillig ist über Dinge, von denen die Guten ebensowenig verschont bleiben wie die Bösen, als da sind Krankheiten, Todesfälle, Gebrechlichkeit und was sonst dem menschlichen Leben in die Quere kommt. Was nach dem unabänderlichen Weltenplan an Leiden uns auferlegt ist, das müssen wir guten Mutes auf uns nehmen. Wie durch Fahneneid sind wir verpflichtet, uns mit dem Los der Sterblichkeit abzufinden und uns nicht irre machen zu lassen durch das, was zu meiden nicht in unserer Macht steht. Wir leben in einer Monarchie: Der Gottheit zu gehorchen ist Freiheit.

16. In der Tugend aber ist das Glück begründet. Diese Tugend aber, welche Ratschläge wird sie dir erteilen? Du sollst nichts für ein Gut oder für ein Übel halten, für dessen Vorkommen weder Tugend noch Bösartigkeit in Frage kommt; sodann mußt du unerschütterlich deinen Platz behaupten, sowohl im Kampf gegen das Schlechte wie in der Verteidigung des Guten, um, soweit es möglich ist, dich zu einem Ebenbild Gottes zu machen. Was verspricht sie dir für die Mühen dieses Feldzuges? Einen erhabenen und fast göttlichen Lohn: Du wirst zu nichts gezwungen sein, wirst niemandes Hilfe bedürfen, wirst frei sein, sicher und ungeschädigt; nichts wirst du vergebens in Angriff nehmen, in nichts gehindert werden; alles wird dir nach Wunsch gehen, nichts gegen deine Annahme und deinen Willen. »Also wie? Reicht die Tugend aus zum glücklichen Leben?« In ihrer Vollendung und Göttlichkeit – warum sollte sie nicht ausreichen, ja ihre Gaben sogar im Überfluß bieten? Denn was könnte dem fehlen, der jedes Wunsches bar ist? Was braucht der von außen her, der alles, dessen er bedarf, in sich selbst gesammelt hält? Wer dagegen erst zur Tugend hinanstrebt, der bedarf, wenn er

auch schon weit fortgeschritten ist, doch noch einiger Gunst des Schicksals; denn noch hat er mit menschlicher Unzulänglichkeit zu ringen, bis er jeden Knoten löst und jede Fessel der Sterblichkeit sprengt. Worin besteht also der Unterschied? Darin, daß die einen fest an das Irdische gebunden, die anderen an ihren Beruf gefesselt oder auch mit Geschäften überhäuft sind, während der, der zum Höheren fortschreitet und sich aufwärts bewegt, nur eine lose Kette noch an sich trägt, noch nicht der vollen Freiheit teilhaftig, aber doch beinahe so gut wie ein Freier.

17. Wenn also einer von denen, die gegen die Philosophie losbelfern, in gewohnter Weise sagt:[13] »Warum bist du im Worte tapferer als im Leben? Warum sprichst du einem Höheren nach dem Mund, warum hältst du Geld für ein dir unentbehrliches Hilfsmittel, warum erregst du dich über Verluste, warum vergießt du Tränen bei der Nachricht von dem Tode der Gattin oder eines Freundes, und warum kümmerst du dich um das Gerede der Leute und fühlst dich durch ihre bösen Zungen verletzt? Warum ist dein Landgut besser gepflegt, als es der natürliche Bedarf erfordert? Warum hältst du dich mit deiner Mahlzeit nicht an deine eigene Vorschrift? Warum hast du so zierliches Hausgeräte? Warum trinkt man bei dir Wein, der älter ist als du selbst? Warum wendet man Sorge auf das Land-

---

13 Was nun folgt, trägt durchaus den Charakter einer Selbstverteidigung. Daß Seneca offen oder versteckt manche hämische Äußerung zu hören bekam, namentlich über seinen Reichtum, ist durchaus begreiflich. Um so mehr ist die Ruhe und Unbefangenheit anzuerkennen, mit der er darauf antwortet.

schaftsbild?[14] Warum pflanzt man Bäume, die weiter sonst nichts hergeben als Schatten? Warum trägt deine Frau das ganze Vermögen eines reichen Hauses als Schmuck an den Ohren? Warum werden deine Sklaven in kostbare Kleider gesteckt? Warum wird bei dir eine Kunst daraus gemacht, die Gäste zu bedienen, warum wird das Silbergeschirr nicht nach Zufall und Belieben, sondern mit Sachkenntnis aufgestellt, warum gibt es einen besonderen Vorschneider des Fleisches?« Beliebt dir's, so kannst du in diesem Ton noch fortfahren: »Warum hast du Besitzungen jenseits des Meeres? Warum mehr, als du kennst? Warum bist du zu deiner Schande entweder so unachtsam, daß du deine Handvoll Sklaven nicht kennst, oder so verschwenderisch, daß du mehr hast, als daß dein Gedächtnis ausreichte, dir ihre Namen zu merken?« – Ich werde weiterhin deine Schmähungen noch verstärken und mir mehr Vorwürfe machen, als du es für möglich hältst. Für den Augenblick beschränke ich mich auf folgendes: Ich bin kein Weiser, und – um deinem Übelwollen noch mehr Nahrung zu geben – ich werde es auch nicht werden. Verlange also nicht von mir, daß ich den Besten gleich sei, sondern nur, daß ich besser sei als die Schlechten. Es ist mir genug, wenn ich Tag für Tag meine Feh-

14 Für das unverständliche auruum ist m. E. zu lesen arvum. Von den nach Möglichkeit gesteigerten Reizen und Freuden des Landlebens ist hier vorwiegend die Rede, und dazu das, wie z. B. die Briefe des jüngeren Plinius zeigen, damals großes Gewicht gelegt wurde. Parkartige Anlagen, Wasserkünste, künstliche Hügel u. dgl. waren beliebte Mittel, der Natur nachzuhelfen und die Gegend zu einem Paradies umzugestalten. Das Wort arvum aber bedeutet bekanntlich nicht bloß Acker, sondern auch »die Gegend«. Es ist das Landschaftsbild, um das es sich hier handelt.

ler um etwas herabmindere und mir über meine Verirrungen Vorhalt tue. Ich bin nicht zu voller Gesundheit gelangt, und ich werde es auch nicht; es sind mehr Linderungsmittel als Heilmittel für mein Podagra, mit dem ich mir zu schaffen mache, zufrieden, wenn es sich seltener einstellt und weniger Plage macht. Indes mit eurem Gehwerk verglichen, ihr Schwächlinge, bin ich ein Läufer. Das sage ich nicht in meinem Namen – denn ich fühle mich noch mitten im Gewoge aller Fehler –, sondern im Namen eines derer, die bereits etwas vor sich gebracht haben.

18. »So sprichst du«, heißt es darauf, »aber dein Leben nimmt sich ganz anders aus.« Das ist der Vorwurf, ihr bösartigen und gerade den besten Männern aufsässigsten Gesellen, der dem Platon, der dem Epikur, der dem Zenon gemacht worden ist. Alle diese Männer wollten ja keine Auskunft geben darüber, wie sie selbst lebten, sondern wie zu leben ihnen selbst von nöten wäre. Von der Tugend rede ich, nicht von mir, und wenn ich die Laster schmähe, so schmähe ich an erster Stelle die meinigen. Sobald ich die Kraft dazu erlangt habe, werde ich leben, wie es sich gehört. Und eure in Gift getauchte Bosheit soll mich nicht abschrecken von dem unbedingt Guten; selbst das Gift, mit dem ihr andere bespritzt, euch selbst aber tötet, soll mich nicht abhalten, ohne Unterlaß ein Leben zu preisen, nicht wie ich es führe, sondern wie es nach meiner festen Überzeugung geführt werden muß, soll mich nicht abhalten, die Tugend anzubeten und in weitestem Abstand mich mühselig ihr nachzuschleppen. Soll ich denn etwa erwarten, daß von der Böswilligkeit irgend

etwas verschont bleibe, von ihr, der weder ein Rutilius[15] noch ein Cato heilig war? Was hat es denn auf sich, wenn diesen Leuten, denen der Zyniker Demetrius[16] nicht arm genug ist, irgend jemand zu reich vorkommt? Von einem Mann strengster Selbstzucht, der gegen alle Bedürfnisse der Natur den Kampf besteht, und der um so ärmer ist als die übrigen Zyniker, weil, während diese sich nur den Besitz versagt haben, er auch schon das Verlangen danach sich versagte – von einem solchen Mann wagen sie zu behaupten, er sei nicht dürftig genug! Denn du weißt: Er ist nicht nur ein Lehrer der Tugend, sondern auch der Armut.

19. Diodorus[17], ein Epikureischer Philosoph, der sich kurzweg entschloß, seinem Leben mit eigener Hand ein Ende zu machen, hat, so behauptet man, nicht nach den Grundsätzen Epikurs gehandelt, wenn er sich die Kehle durchschnitt: Die einen erklären diese Tat für Wahnsinn, die anderen für Unbesonnenheit. Er indes hat, im Gefühl seines Glückes und mit seinem Gewissen völlig im reinen, sich beim Scheiden aus dem Leben selbst ein Zeugnis ausgestellt: Er pries die Ruhe seines im Hafen angelangten und vor Anker gegangenen Lebens und bekräftigte dies durch die Worte, die ihr mit Unbehagen vernähmet, als ob ihr dem Beispiel folgen solltet:[18]

---

15 Ein Lieblingsbeispiel des Seneca für Charakterstärke. Vgl. de provid. I 3, 4, 7 u. ö.

16 Dieser Zyniker gehörte zu den Lehren des Seneca, der seiner mehrfach Erwähnung tut, z. B. De provid. 3, 3.

17 Sonst nicht bekannt.

18 Vgl. Aen. IV 653.

Ja, ich habe gelebt, vollendend, was mir beschieden.

Ihr redet hin und her über des einen Leben und über des anderen Tod, und bei Nennung großer und rühmlich bekannter Männer belfert ihr wie kleine Hunde, denen unbekannte Menschen in den Weg kommen; denn für euch ist es vorteilhaft, daß niemand als gut gilt, weil die Tugend anderer sich wie ein Vorwurf ausnimmt für alle Schurken. Voll Neid vergleicht ihr Glanzvolles mit eurem Schmutz und habt kein Einsehen dafür, welchen Schaden ihr von diesem Wagnis zu gewärtigen habt. Denn wenn diejenigen, die es mit der Tugend halten, habsüchtig, wollüstig, ehrgeizig sind, was seid denn dann ihr, denen schon der Name Tugend ein Greuel ist? Ihr behauptet, niemand handle so, wie er sich in Worten gibt, niemand lebe nach dem Muster, das er im Mund führt. Was Wunder? Reden sie doch von Heldentaten, von Dingen, die noch nie dagewesen und die über alle Stürme des Menschenlebens hinausgehen; denn sie suchen sich loszureißen von den Marterpfählen, an die ein jeder von euch sich selbst eigenhändig festnagelt; kommt es aber zur Todesstrafe, so hängt jeder nur an einem einzigen Marterpfahl;[19] diejenigen dagegen, welche auf sich selbst acht haben, sind nicht an einem Pfahl angenagelt, sondern an so vielen, als sie Leidenschaften in sich bergen. Sie sind

19 Die Marterpfähle sind das Bild für die Sündhaftigkeit und den Frevelmut der Menschen. Die nach Tugend Strebenden suchen sich von diesen Marterpfählen loszumachen, während Schurken und Verbrecher sich immer weiter in alle möglichen Laster verstricken, im Falle etwaiger Bestrafung aber behaupten, dies sei das erste und einzige Mal, daß sie ein Verbrechen begangen hätten.

Lästerer und haben eine starke Ader für Schmähungen gegen andere. Ich möchte glauben, sie würden das unterlassen, wenn nicht manche noch vom Galgen herab die Zuschauer mit ihrem Auswurf besudelten.

20. »Die Philosophen leisten nicht, was sie in Worten lehren.« Aber sie leisten eben dadurch, daß sie lehren, daß sie edle Ziele geistig erfassen. Denn wenn sie gründlich genau ihren Worten gemäß handelten, was gäbe es Beglückteres als sie? Vor der Hand liegt kein Grund vor, gute Worte und aus gutem Herzen kommende treffliche Gedanken zu verachten. Die Beschäftigung mit heilsamen Studien bleibt löblich auch ohne den tatsächlichen Erfolg. Was Wunder, wenn diejenigen, die steile Höhen in Angriff genommen haben, nicht bis zum Gipfel hinauf gelangen? Aber wenn du das Herz auf dem rechten Fleck hast, so versage denen, die Großes versuchen, auch wenn sie stürzen, nicht deine Achtung! Es zeugt von edler Sinnesart, wenn man, nicht sowohl die eigene Kraft dabei in Rechnung ziehend als die unserer Menschennatur überhaupt, sich an hohe Aufgaben wagt und sich im Geist höhere Ziele setzt, wie sie auch hervorragend begabte Männer erreichen können. Nimm an, es stelle sich einer die Aufgabe: »Beim Anblick des Todes soll meine Miene keine andere sein als bei dem einer Komödie.[20] Keine Anstrengungen, sie mögen so groß sein, wie sie wollen, werde ich scheuen; denn ich mache den Geist zur Stütze des Körpers. Reichtümer werde ich verach-

20 So nach einer Verbesserung Madvigs, der für überlieferte Cumaudiam quo schreibt comoediamque.

ten, gleichviel ob sie mir geboren oder einem anderen, weder trauriger gestimmt, wenn sie anderswo lagern, noch fröhlicher, wenn sie mich selbst umstrahlen. Mit dem Glück habe ich nichts zu schaffen, mag es nun kommen oder weichen. Alle Länder will ich als eigenen Besitz betrachten, den meinigen als den aller. Mein Leben soll geleitet sein von dem Bewußtsein, daß ich für andere geboren bin, und ich werde der Mutter Natur dafür dankbar sein; denn wie konnte sie besser für mich sorgen? Mich, den einen, hat sie allen geschenkt, mir, dem einen alle. Was ich auch habe, ich werde es weder knauserig behüten noch verschwenderisch ausstreuen. Alles soll mir nur als gütiges Geschenk, nicht als eigentlicher Besitz gelten. Meine Wohltaten werde ich nicht nach Zahl oder Gewicht schätzen, nein, nur nach dem Wert des Empfängers. Was ein Würdiger empfängt, ist in meinen Augen immer noch zu wenig. Nicht beliebige Meinung, sondern nur feste Überzeugung soll all mein Handeln leiten. Was ich auf Grund meiner vollen Überzeugung tue, das gilt mir so viel, als geschähe es unter den Augen des ganzen Volkes. Der Zweck des Essens soll mir kein anderer sein als Befriedigung des natürlichen Bedürfnisses, nicht Füllung und Entleerung des Bauches. Gegen Freunde will ich gefällig und entgegenkommend, gegen Feinde mild und verträglich sein. Zum Gewähren will ich bereit sein, noch ehe man mich bittet, und anständigen Bitten werde ich halbwegs entgegenkommen. Mein Vaterland, des bin ich gewiß, ist die Welt, und seine Vorsteher sind die Götter; sie stehen über mir und umgeben mich als Richter über meine Taten und Worte. »Und wenn entweder die Na-

für mein Leben zurückfordert oder die eigene wohlüberlegte Entscheidung ihm entsagt, dann werde ich scheiden mit dem Zeugnis, daß ich ein gutes Gewissen geliebt und Edles erstrebt habe, daß durch mich keines Menschen Freiheit gemindert, am wenigsten meine eigene gemindert worden sei.« – Wer sich solche Ziele setzt, solches will und in Angriff nimmt, der wandelt den Weg, der zu den Göttern führt; ja, wenn er auch nicht ans Ziel gelangt,[21] so war's doch ein großes Beginnen.

Ihr aber, ihr Lästerer, die ihr die Tugend haßt und den, der sie hochhält, euer Treiben ist nicht ohne Beispiel. Scheuen ja doch auch kranke Augen das Sonnenlicht und wenden sich doch auch Nachttiere von dem hellen Tageslicht ab. Schon bei der ersten Dämmerung werden sie stutzig und suchen allseits ihre Schlupfwinkel auf und verbergen sich lichtscheu in den engsten Öffnungen. Nur zu! Macht eurem Ärger Luft und übt eure unselige Zunge im Schmähen der Guten, schnappt nach ihnen und beißt sie: Weit eher werdet ihr euch die Zähne ausbeißen, als euer Absehen damit erreichen.

21. »Warum«, sagt man, »bleibt jener dort bei all seiner Philosophie im Leben doch ein reicher Mann? Warum nennt er den Reichtum verächtlich und bleibt doch in seinem Besitz? Warum erklärt er das Leben für verachtenswert und lebt doch? Warum die Gesundheit für verachtenswert und hütet sie doch auf das sorgsamste und wünscht sich die beste? Auch Verbannung

21 Ov. Met. 328.

erklärt er für ein leeres Wort und sagt: ›Was ist es denn für ein Unglück, eine Gegend mit der anderen zu vertauschen?‹ Gleichwohl zieht er es, wenn möglich, vor, im Vaterland seine alten Tage hinzubringen. Zwischen längerer und kürzerer Frist, sagt er, sei kein Unterschied; gleichwohl dehnt er, wenn nichts hindert, seine Lebenszeit aus und freut sich noch in hohem Greisenalter friedlich seines Lebens?« Allerdings, erwidere ich, erklärt er diese Dinge für verachtenswert, aber nicht, man solle auf ihren Besitz überhaupt verzichten, sondern man solle nur nicht ängstlich an ihrem Besitz festhalten; er weist sie nicht von sich ab, aber muß er sich von ihnen trennen, so läßt er sie ohne Kümmernis ziehen. Was vor allem den Reichtum anlangt, wo wird ihn das Schicksal sicherer verwahrt wissen als da, von wo es ihn wieder zurückerhalten wird, ohne jede Klage dessen, der ihn zurückgibt? Als Marcus Cato den Curius und Coruncarins[22] pries und jenes Zeitalter, in dem eine Handvoll Silberblechgeräte ein Verbrechen war, gegen das der Censor einschreiten müßte, war er selbst im Besitz von vierzig Millionen Sestertien. Das war ohne Zweifel weniger, als Crassus, aber mehr als Cato Censorius besaß. Vergleicht man, so war er seinem Urgroßvater weiter voraus als Crassus ihm, und hätten sich ihm noch größere Schätze geboten, er hätte sie nicht zurückgewiesen. Denn der Weise hält sich nicht irgendwelcher Glücksgaben für unwert; er liebt den Reichtum nicht, aber gegebenenfalls gibt er

22 Curius Dentatus, der Besieger des Pyrrhus, war befreundet mit Titus Coruncarius, dem ersten plebejischen Pontifex maximus.

ihm den Vorzug; er schließt ihn nicht in sein Herz, wohl aber in sein Haus ein; er weist den Besitz nicht zurück, sondern hält ihn zusammen und sieht es nicht ungern, daß seiner Tugend reichere Mittel zu Gebote stehen.

22. Wie kann aber ein Zweifel darüber bestehen, daß dem Weisen der Reichtum mehr Gelegenheit bietet, seinen Geist vielseitig zu entfalten, als die Armut? Besteht doch im Falle der Armut die Tugendbetätigung wesentlich nur darin, sich nicht beugen und drücken zu lassen, während der Reichtum einen weiten Spielraum bietet für Bewährung von Mäßigkeit, Freigebigkeit, Achtsamkeit, ordnenden Überblick und Großzügigkeit. Der Weise wird sich nicht verächtlich vorkommen, auch wenn er noch so klein von Natur ist; gleichwohl würde er es gern sehen, wenn er hohen Wuchses wäre. Auch körperlich schwach und eines Auges verlustig wird er sich gesund fühlen; gleichwohl würde es ihm lieber sein, wenn er körperlich kräftiger wäre, dabei immer sich dessen bewußt, daß er in sich noch etwas Stärkeres hat. Mangelhafte Gesundheit wird er zu tragen wissen, sich aber feste Gesundheit wünschen. Es gibt so manches, was zwar für den Kern der Sache wenig in Betracht kommt und uns ohne Vernichtung des Hauptgutes entzogen werden kann, was aber gleichwohl seinen Beitrag liefert zur andauernden Fröhlichkeit, die aus der Tugend entspringt. Der Reichtum regt den Weisen an und heitert ihn auf, ähnlich wie den Seereisenden ein günstiger, die Segel schwellender Wind, oder wie ein heiterer Tag und sonniger Platz im Winter und bei Frost.

Welcher Weise ferner – ich rede von den unsrigen (den Stoikern), denen die Tugend als einziges Gut gilt – stellt in Abrede, daß die Dinge, die wir als gleichgültig bezeichnen, gleichwohl einen gewissen Wert haben und eine Abstufung dieser Werte zeigen? Manche von ihnen schätzt man bis zu einem gewissen Grad, auf einige legt man hohen Wert. Laß dich also nicht irre machen: Der Reichtum gehört zu den geschätzten Dingen. Du entgegnest: »Nun, was spöttelst du denn dann über mich, wenn er in deinen Augen ebensoviel gilt wie in den meinen?« Willst du wissen, inwiefern dies nicht der Fall ist? Wenn der Reichtum mir entschwindet, so nimmt er mir nichts weg außer sich selbst; du aber wirst in solchem Falle außer dir sein und dir selbst wie verloren vorkommen, wenn er dich verlassen hat; bei mir gilt der Reichtum bis zu einem gewissen Grad, bei dir gilt er alles; kurz, ich bin Herr des Reichtums, du sein Sklave.

23. Laß also ab davon, den Philosophen das Geld zu verbieten. Niemand hat die Weisheit zur Armut verdammt. Der Philosoph mag reiche Schätze besitzen, aber Schätze, die niemandem abgepreßt und nicht mit fremdem Blut befleckt sind, Schätze, die ohne Unrecht gegen irgend jemand, ohne schmutzige Zugriffe erworben, Schätze, deren Abgang sich ebenso vollzieht wie ihr Zugang und uber die niemand Ach und Weh ruft außer dem boshaften Neider. Häufe sie auf, so viel du willst, sie machen dir keine Schande; sie haben vieles an sich, was jeder gern sein nennen möchte, aber nichts, was irgend einem ein Recht geben könnte, es sein zu nennen. Er, der Weise, wird

die Gunst des Glückes nicht von sich weisen und wird sich des ehrbar erworbenen Erbgutes weder rühmen noch schämen. Indes kann er doch auch Grund finden, sich zu rühmen, wenn er sein Haus öffnet und der gesamten Bürgerschaft Zutritt gewährt und sagen kann: »Was ein jeder als das Seine erkennt, das kann er mitnehmen.« Welch hochstehender Mann, welches Muster eines Reichen, wenn er nach dieser Aufforderung um keinen Groschen ärmer ist! Das soll soviel heißen wie: Wenn er allem Volk die Durchsuchung gestattet, wenn niemand bei ihm etwas fand, was er mit Beschlag belagen könnte, so kann er kühn und vor aller Augen seines Reichtums sich freuen. Der Weise läßt keinen Denar über seine Schwelle kommen, an dem ein Makel haftet, wird aber anderseits auch reiche Schätze als Gabe des Glückes und Frucht seiner Tugend nicht zurückweisen und ihnen die Tür verschließen. Denn warum sollte er ihnen denn nicht eine gute Unterkunft gönnen? Laßt sie nur kommen, sie sollen gute Aufnahme finden. Er wird mit ihnen weder prahlen noch sie verstecken – das eine würde von Albernheit, das andere von Furcht und Engherzigkeit zeugen, als hielte er eine große Kostbarkeit ängstlich unter seinem Gewand an die Brust gedrückt –; auch wird er sie, wie gesagt, nicht aus dem Haus hinauswerfen. Denn was sollte er denn zu seiner Rechtfertigung sagen? Etwa »Ihr seid mir nichts nütze« oder »Ich verstehe mich nicht auf Verwendung des Reichtums«? Wie er wohl imstande sein wird, einen Weg zu Fuß zurückzulegen, aber doch es vorziehen würde einen Wagen zu benutzen, so wird er zwar imstande sein sich der Vernunft zu fügen, aber doch den Wunsch haben, reich zu sein. Er wird also den Besitz reicher Mittel nicht abweisen, sie aber als unzuverlässige und flüchtige Gaben ansehen und es nicht dazu kommen lassen, daß sie irgend einem anderen oder ihm selbst beschwerlich werden. Er wird seine Hand auftun – was spitzt ihr die Ohren? was schielt ihr nach dem Goldregen?[23] – er wird seine Hand auftun für rechtschaffene Leute oder für solche, die er dazu machen kann; er wird seine Habe austeilen mit gewissenhafter Auswahl der Würdigsten, immer in dem vollen Bewußtsein, daß er Rechenschaft ablegen muß über Ausgaben so gut wie über Einnahmen, wird sie nie austeilen ohne berechtigte und billigenswerte Gründe – denn wenn ein Geschenk an den Unrechten kommt, so ist das eine Art schimpflicher Bankrott –, er wird offene, aber nicht durchlöcherte Taschen haben, aus denen viel herausgeht, aber nichts herausfällt.

24. Es ist ein Irrtum, zu glauben, das Schenken sei eine leichte Sache: Die Sache hat vielmehr ihre großen Schwierigkeiten, wenn anders die Gaben auf Grund reiflicher Überlegung erfolgen und nicht nach Zufall oder plötzlicher Laune verschleudert werden soll. Die einen verpflichte ich mir im voraus zu Dank, den anderen vergelte ich, was ich empfangen; dem einen helfe ich aus, weil er es nicht verdient, von der Armut erniedrigt und, wenn einmal von ihr befallen, in ihr festgehalten zu werden; manchen wiederum werde ich nichts geben trotz bestehenden Mangels, weil, wenn ich gebe,

23 Höchst dramatische Stelle. Es kommt hier auf Kürze an, daher meine freie Übersetzung. Wörtlicher: »Was rückt ihr die Toga zurecht zur Aufnahme von Gold?«

der Mangel doch gleich wieder da sein wird; manchen werde ich's anbieten, einigen sogar aufdrängen. Nachlässigkeit in dieser Beziehung ist mir unmöglich: Niemals führe ich sorgfältiger Buch, als wenn es sich um Geschenke handelt. »Wie«, bemerkst du, »schenkst du denn in Erwartung von Entgelt?« Nein, aber ich will auch nicht völlig darauf verzichten. Mein Geschenk soll von der Art sein, daß es zwar nicht zurückgefordert werden darf, aber eine Vergeltung möglich macht. Mit einer Wohltat soll es so bestellt sein wie mit einem tief vergrabenen Schatz: Man darf ihn nicht eher ausgraben, als bis die Not dazu zwingt. Ferner, das Haus des Reichen selbst, wieviel Anlaß zum Wohltun bietet es! Denn wer sollte die Freigebigkeit nur auf die Vollbürger beschränken? Den Menschen als solchen mich nützlich zu erweisen befiehlt mir die Natur: Ob sie Sklaven sind oder Freie, freigeboren oder freigelassen, ob sie ihre Freiheit auf dem Rechtsweg erworben haben oder durch das Wohlwollen von Freunden – was kommt darauf an? Überall, wo es Menschen gibt, hat auch die Wohltätigkeit ihre Stätte. Es kann das Geld auch innerhalb des Hauses verwendet werden und zu einer Schule der Freigebigkeit werden, die ihren Namen nicht daher hat, daß die Freien auf sie Anspruch haben, sondern daher, daß sie ihren Ursprung in einer freien Seele hat. Sie wird in der Hand des Weisen niemals an Schurken und Unwürdige verschwendet, noch ist sie jemals auf ihren verschlungenen Wegen so ermattet, daß sie nicht, so oft sie auf einen Würdigen trifft, wieder wie ein frischer Quell sprudelte. Fasst also nicht falsch auf, was die der Weisheit Beflissenen so ehrenwert, tapfer und mutig kundtun, und vor allem vergesst nicht: Etwas anderes ist, wer sich der Weisheit befleißigt, etwas anderes, wer bereits im Besitz der Weisheit ist. Jener wird dir sagen: »Meine Wort klingen sehr schön, aber noch stecke ich tief im Schlamm; du darfst mich nicht allzu streng beim Worte nehmen. Nach Kräften fördere ich mich, bilde ich mich und strebe hinauf zu einem hohen Ideal; erst wenn ich so weit fortgeschritten bin, wie ich mir vorgenommen, erst dann verlange, daß mein Tun meinen Worten entspricht!« Wer aber bereits auf der Höhe menschlicher Tugendhaftigkeit steht, der wird sich anders zu dir stellen und sagen: »Erstens bist du nicht der Mann danach, dir zu erlauben, über Bessere ein Urteil zu fällen; ich habe bereits – und das ist ein Beweis, daß ich nicht fehlgehe – die Erfahrung gemacht, daß ich den bösen Menschen mißfalle. Um dir jedoch Rede zu stehen, der ich mich keinem Menschen gegenüber entziehe, so vernimm, was ich verspreche und welchen Wert ich jedem Ding beilege. Der Reichtum, behaupte ich, ist kein Gut; denn wäre er das, so würde er die Menschen gut machen. Tatsächlich aber findet er sich auch bei Schurken, und darum darf man ihn nicht ein Gut nennen. Und so spreche ich ihm denn diesen Namen ab. Gleichwohl gebe ich zu, daß man ihn haben darf, daß er nützlich ist und großen Vorteil für das Leben mit sich führt.«

25. Wir sind also beiderseits darüber einverstanden, daß man sich des Reichtums nicht zu schämen brauche. So vernehmt denn nun, warum ich ihn gleichwohl nicht zu den Gütern rechne und wie verschieden von den euern die Vorteile sind, die ich ihm abgewinne.

Stelle dir vor, ich wäre Herr des glänzendsten Hauses, umgeben von lauter Gold- und Silbergeschirr: Ich werde mir nichts einbilden auf diese Herrlichkeiten, die zwar rings um mich sind, aber nicht in mir. Bringe mich dagegen auf die Pfahlbrücke[24] und reihe mich in die Schar der Bettler ein: Ich werde deshalb nicht verächtlicher von mir denken, wenn ich meinen Platz unter denen habe, die ihre Hand nach einem Pfennig ausstrecken. Was macht es denn aus, ob ich keinen Bissen Brot mehr habe, wenn ich die Möglichkeit habe zu sterben? Wie steht es nun also? Ich ziehe jenes glänzende Haus der Brücke vor. Denke dir mich umgeben von glänzendem Gerät und in prachtstrotzender Zimmereinrichtung: Ich werde mir nicht glücklicher vorkommen, wenn ich einen schmiegsamen Mantel trage, wenn meine Gäste auf Purpurdecken ruhen. Weise mir eine andere Matratze an: Ich werde nicht unglücklicher sein, wenn mein müder Hals auf einem Bündel Heu ruht oder wenn ich auf einem Zirkuskissen sitze, dessen Füllung durch die zersprungenen Nähte der alten Leinwand hervorquillt. Wie steht es nun? Lieber will ich in feiner Kleidung und geschmückt[25] Zeugnis ablegen von meiner inneren Welt als mit nackten oder halb bedeckten Schulterblättern. Gesetzt, alle Tage verliefen mir nach Wunsch, ein Freudentag reihe sich an den anderen: Das soll mir kein Grund zur Selbstzufriedenheit sein. Laß dagegen diese Gunst der Zeit ins Gegenteil umschlagen, laß mein Gemüt von Verlust, Trauer, Bit-

24 Diese Brücke war eine beliebte Station für Bettler.

25 Für das unverständliche causatus setze ich ein cerussatus »ungeschminkt«.

ternissen aller Art erschüttert werden, laß keine Stunde vergehen ohne irgendwelche Klage: Ich werde doch allem Übel zum Trotz mich nicht unglücklich nennen, werde deshalb nicht einen einzigen Tag verwünschen; denn ich habe mich vorgesehen, daß mir kein Tag zum Unglückstag werde. Wie steht es also? Lieber ist es mir, wenn ich in der Lage bin, meine Freude zu mäßigen, als wenn ich in die Lage komme, den Schmerz dämpfen zu müssen. So wird dir auch der große Sokrates sagen: »Mache mich zum Sieger über alle Nationen, laß mich auf dem prachtstrotzenden Bacchuswagen im Triumph vom Sonnenaufgang bis nach Theben fahren, laß die Könige der Erde mich als ihren obersten Richter anerkennen: Ich werde mich gerade dann am meisten als Mensch fühlen, wenn man mich allerseits als Gottheit begrüßt. Neben dieser erhabenen Höhe denke dir alsbald eine jähe Umwandlung: Man setzt mich auf einen nicht mir gehörigen Tragsessel, um den Triumphzug eines stolzen und rohen Siegers zu verherrlichen. Ich werde mich nicht erniedrigt fühlen, wenn ich hinter dem fremden Siegerwagen hergetragen werde, verglichen mit meinem früheren Standort. Wie steht es nun? Ich werde gleichwohl lieber Sieger als Gefangener sein. Das ganze Reich des Schicksals ist in meinen Augen nichtig; aber habe ich die Wahl, so entscheide ich mich für das Günstigere. Was mich auch trifft, es soll mir recht sein; aber lieber wünsche ich mir doch das Leichtere und Angenehme und für den Betreffenden weniger Beschwerliche. Denn glaube ja nicht, es gebe irgendeine Tugend, die keine Anstrengung erfordere; aber die eine bedarf des Sporns, die andere des Zügels. Wie der Körper bei abschüssigen Stellen zurückgehalten, bei Erklimmung steiler Höhen angetrieben werden muß, so haben gewisse Tugenden eine abschüssige, andere eine ansteigende Bahn. Kein Zweifel: Alle Tugenden, die im Kampf liegen mit den Härten des Schicksals und die Macht desselben zu brechen wissen, als da sind Geduld, Tapferkeit, Beharrungskraft, müssen aufwärts klimmen, müssen sich stemmen und im Widerstand abmühen; und ist es nicht anderseits ebenso ersichtlich, daß Freigebigkeit, Mäßigung und Mildherzigkeit ihre Richtung nach abwärts haben? Bei diesen letzteren zügeln wir unseren Seelendrang, um Überstürzung zu verhüten; bei den ersteren muntern wir ihn auf und spornen ihn auf das schärfste an. Bei Armut also kommen jene kampfeslustigen, mehr der Tapferkeit huldigenden Tugenden in Betracht, bei Reichtum jene bedachtsameren, die den Schritt verlangsamen und den eigenen Drang hemmen. Was nun mein Verhältnis zu diesen beiden betrifft, so wünsche ich mir lieber diejenigen, die einer ruhigen Ausübung bedürfen, als diejenigen, deren Bewährung Blut und Schweiß fordert. Also – spricht der Weise – steht die Sache nicht so, daß ich anders lebe als rede, sondern ihr versteht es nur anders; nur der Schall der Worte trifft euer Ohr. Nach ihrer Bedeutung fragt ihr nicht.«

26. »Welcher Unterschied also besteht zwischen mir, dem Toren, und dir, dem Weisen, wenn wir beide doch Wert auf Besitz legen?« Ein sehr erheblicher: Bei dem Weisen ist der Reichtum nichts weiter als Sklave, bei dem Toren macht er sich zum Herrn. Der Wei-

se gestattet dem Reichtum nichts, euch gestattet der Reichtum alles. Ihr gebärdet euch, als hätte euch irgend jemand den ewigen Besitz desselben zugesagt; ihr gewöhnt euch an ihn und verwachst mit ihm. Der Weise dagegen denkt gerade dann am angelegentlichsten an die Armut, wenn er sozusagen im Reichtum schwimmt. Niemals traut der Feldherr dem Frieden in dem Maße, daß er sich nicht bereithielte für den Krieg, der, wenn er auch nicht zum Ausbruch kommt, doch angekündigt ist. Euch macht ein schöner Palast übermütig, als könnte er nicht durch Brand oder Einsturz vernichtet werden; euch raubt die Fülle des Besitzes jede Besinnung, als wäre er jeder Gefahr überhoben und viel zu groß, um dem Schicksal die Macht zu geben, damit aufzuräumen. Dem Müßiggang hingegeben, spielt ihr mit euerm Reichtum, ohne an die Gefahr zu denken, in der eben dieser Reichtum schwebt, ähnlich den Barbaren, die, von Feinden belagert und meist unkundig der Kraft der Maschinen, müßig der Arbeit der Belagerer zuschauen ohne jede Ahnung von dem Zweck dessen, was in der Ferne vorbereitet wird. Ebenso steht es mit euch: Ihr duselt dahin in eurer Umgebung, ohne an die Unfälle zu denken, die euch bedrohen und bald kostbare Beute davontragen werden. Wie anders beim Weisen: Wer ihm seinen Reichtum raubt, der muß ihm doch all das Seinige lassen; lebt er doch der Gegenwart froh und um die Zukunft unbekümmert. »Nichts«, sagt der große Sokrates oder wer sonst gegen menschliche Zufälle so gewappnet und selbstherrlich ist, »nichts habe ich mir fester zum Grundsatz gemacht, als meine Lebensführung nicht nach euren Vorurteilen zu gestalten. Laßt eure gewohnten Reden von allen Seiten mich umtönen: Ich sehe darin keine Schmähungen, sondern nur das Geschrei von Kindern, die sich in elender Lage befinden.« So spricht der Mann, der der Weisheit teilhaftig geworden, den reines und schuldloses Gemüt zum Tadel gegen andere treibt, nicht, weil er sie haßt, sondern weil er sie bessern will. Er wird dem noch folgendes hinzufügen: »Was eure Meinung über mich anlangt, so bekümmert sie mich nicht um meinetwillen, sondern um euretwillen; denn seinen Haß und seine Feindschaft gegen die Tugend durch Schreien kundzugeben, heißt jeder vernünftigen Hoffnung den Abschied geben. Ihr tut mir kein Leid an, sowenig wie den Göttern die, die ihre Altäre umstürzen. Aber der böse Vorsatz und die schlimme Absicht leuchten doch durch auch da, wo sie nicht schaden können. So lasse ich mir eure Irr-Reden gefallen, wie Jupiter, der große, allmächtige, die Albernheiten der Dichter über sich ergehen läßt, von denen der eine ihm Flügel andichtet, der andere Hörnerner eine ihn als Ehebrecher und Nachtschwärmer einführt, der andere als grimmigen Gegner der Götter oder auch als Feind der Menschen, der eine als Räuber von freigeborenen und noch dazu ihm verwandten Jünglingen, der andere als Vatermörder und als Eroberer des nicht ihm, sondern seinem Vater gehörigen Reiches: Frechheiten, die nichts anderes zur Folge hatten, als daß den Menschen die Scham vor der Sünde abhanden kam, wenn sie den Göttern derartiges zutrauten. Allein obschon mir diese Lästerungen nichts anhaben, so richte ich doch um euretwillen an euch die Mahnung: Habt Achtung vor der Tugend, glaubt denen, die als bewährte Jünger derselben laut bekennen, es sei etwas Großes und von Tag zu Tag als solches sich in immer größerem Maße Offenbarendes, dem sie nachstrebten. Ehrt sie selbst gleich den Göttern und ihre Lehrer gleich den Priestern, und so oft dieser heilige Name erklingt, verfallt in ehrfurchtsvolles Schweigen. Dieser Spruch (favete linguis)[26] hat nichts zu tun mit ›Gunst‹ (favor), sondern gebietet Schweigen, damit die Opferhandlung dem heiligen Brauch gemäß vollzogen werden könne ohne Unterbrechung durch irgend welches ungehörige Wort. Und viel mehr noch ist euch das Gebot von nutzen, in voller Sammlung und mit Unterdrückung jedes Lautes zuzuhören, sobald von diesem Orakel der Tugend ein Spruch verkündet wird. Wenn einer, die Klapper schwingend, dem gebieterischen Brauch gemäß Lügen verkündet, wenn irgend einer, der sich auf Tätowieren der Arme versteht, seine Arme und Schultern mit hoch erhobener Hand blutig ritzt, wenn irgend ein altes Weib auf den Knien über den Weg kriechend ein Geheul anschlägt, oder ein Greis, mit Leinwand angetan, ein Lorbeerbüschel und am hellen Tag eine Leuchte vor sich hertragend den Ruf erschallen läßt, irgend ein Gott sei voll Zornes,[27] da lauft ihr zusammen und horcht auf, und einer des anderen Betroffenheit verstärkend, versichert ihr, das sei ein Gottbegeisterter.«

---

26 Um jede böse Vorbedeutung zu meiden, wurde bei öffentlichen Opfern die Menge ermahnt, zu schweigen. Die dafür übliche Formel war das Favete linguis!

27 Lauter Anspielungen auf religiöse Kulthandlungen zur Erforschung des Götterwillens, sei es im Isisdienst, sei es im Dienst der Kybele oder der Bellona.

27. Horcht auf! Sokrates ist es, der euch von jenem Kerker aus, den er durch seinen Eintritt reinigte und dem er einen Rang verlieh, der den einer jeden Kurie überbietet – er ist es, der euch zuruft: »Was ist das für ein Wahnsinn, was ist das für ein Göttern wie Menschen feindseliges Gebaren, die Tugenden in Verruf zu bringen und das Heilige mit Lästerreden in den Staub zu ziehen? Bringt ihres über euch, so preist die Guten; wo nicht, so laßt sie zur Seite! Findet ihr Gefallen daran, eure widerwärtige Frechheit zu üben, so macht euch unter euch einer über den anderen her; denn wenn ihr euren Wahnwitz gegen den Himmel richtet, so begeht ihr zwar keinen Gottesfrevel, aber es ist verlorene Mühe. Ich habe vor Zeiten dem Aristophanes Stoff geboten zu allerlei Witzen; die ganze Schar der Komiker hat ihre giftige Lauge über mich ausgegossen: Zu strahlendem Glanze wird meine Tugend gebracht durch eben die Angriffe, die auf ihre Verunglimpfung berechnet waren; denn es ist vorteilhaft für die Tugend, der Welt vorgeführt und geprüft zu werden, und niemand erkennt besser ihren Wert als diejenigen, die durch Angriffe auf sie ihre Kraft zu fühlen bekommen haben: Die Härte des Kiesels ist niemandem besser bekannt als denen, die auf ihn schlagen. Ich darf mich vergleichen mit einem einsamen Fels in seichtem Meeresgrund, den die Wogen, von allen Seiten andringend, unaufhörlich peitschen, ohne ihn doch von der Stelle zu rücken oder durch den im Laufe so vieler Menschenalter oft wiederholten Anprall zum Abbröckeln zu bringen. Springt nur heran, umstürmt mich mit euren Angriffen: Meine Beharrungskraft soll Siegerin

über euch bleiben. Was fest und unüberwindlich ist, an dem probiert alles, was dagegen anstürmt, seine Kraft nur zum eigenen Unheil: sucht euch also einen weichen und fügsamen Stoff, in dem euere Pfeile haften können. Ihr aber habt Zeit genug, anderer Fehler aufzuspüren und über irgend einen abzusprechen mit den Worten: »Was fängt dieser Philosoph mit seiner viel zu geräumigen Wohnung an? Warum schwelgt er in viel zu üppigen Mahlzeiten?« Die Hitzbläschen an anderen spürt ihr aus, ihr, die ihr selbst mit Geschwüren geradezu übersät seid. Das ist gerade, als wollte einer, den gräßliche Krätze zum Gerippe macht, sich lustig machen über die kleinen Tüppelchen und Warzen, von denen auch die schönsten Körper nicht frei sind. Werft dem Platon vor, daß er um Geld gebeten, dem Aristoteles, daß er Geld angenommen, dem Demokrit, daß er sich nichts daraus gemacht hat, dem Epikur, daß er es verbrauchte, macht mir selbst den Umgang mit Alcibiades und Phädrus zum Vorwurf, ihr, für die es kein größeres Glück geben könnte, als zunächst einmal unsere Fehler nachzuahmen! Warum achtet ihr nicht lieber auf eure eigenen Fehler, deren Stiche ihr allseits fühlt als teils mehr äußerlich störend, teils tief in den Eingeweiden brennend? Mag eure Selbsterkenntnis noch so unzureichend sein, es steht mit den menschlichen Dingen doch nicht so, daß euch Muße genug bliebe, um eure Zunge sich in Schmähungen ergehen zu lassen gegen Männer, die euch weit überlegen sind.

28. Das seht ihr nicht ein und nehmt eine Miene an, die wenig zu eurer Lage paßt, ähnlich der jener zahlreichen Zuschauer im Zirkus oder im Theater, in deren

Haus sich ein Todesfall ereignet hat, ohne daß sie noch eine Ahnung davon haben. Ich aber, von der Höhe herabschauend, sehe die Stürme, die entweder gegen euch im Anzug sind, um bald genug das Gewölk zu durchbrechen, oder schon unmittelbar über euch stehen, bereit, euch das Eurige zu rauben. Und wie denn? Treibt nicht auch jetzt schon, wenn ihr es auch noch nicht recht spürt, ein Wirbelwind eure Seelen im Kreis herum und reißt sie mit sich, sie, die das Nämliche bald fliehen, bald zu erhaschen suchen, bald himmelhoch gehoben, bald in die unterste Tiefe hinabgestoßen?

# Von der Kürze des Lebens

## An Paulinus

### Einleitung

Paulinus, an den die Abhandlung gerichtet ist, war einer der höchsten und bewährtesten Beamten des Reiches, Inhaber einer Stellung, die etwa der des Finanzministers eines Großstaates zu vergleichen ist. Vielleicht war es nicht bloß Freundschaft, sondern auch Verwandtschaft, was die beiden Männer miteinander verband. Denn nicht ohne Wahrscheinlichkeit hat man angenommen, daß Paulinus entweder der Vater oder der Bruder der Paulina, der zweiten Gemahlin des Seneca, war. Über seine amtliche Tätigkeit äußert sich Seneca eingehender im achtzehnten Kapitel unserer Schrift, aus dem zugleich ersichtlich ist, daß die Schrift nicht lange nach dem Tode des Caligula abgefaßt ist.

Der ganzen Denkweise des Seneca gemäß wird ein rein in äußerer Geschäftstätigkeit hingebrachtes Leben in unserer Schrift als ein mehr oder weniger verfehltes gekennzeichnet. Es sind aber nicht mehr die republikanischen Zeiten, in denen Seneca lebt. Kannte wenigstens die ältere republikanische Zeit für die höheren Schichten der Bevölkerung eigentlich nur den Wechsel zwischen staatsmännisch-kriegerischer Tätigkeit und ländlicher Zurückgezogenheit nicht ohne eigenes Zugreifen, so hatte sich gegen Ende der Republik doch ein allgemeines geistiges Interesse der vornehmen Welt oder wenigstens gewisser Kreise derselben bemächtigt, welches, gefördert durch Männer wie Mäcenas und den Kaiser Augustus selbst, es nicht dahin kommen ließ, als einzigen Konkurrenten der amtlichen oder forensischen Tätigkeit für die Aufgabe, seine Zeit hinzubringen, die Befriedigung immer wachsender Genußsucht anzusehen. Allein weiterhin war der Zug der Zeit, begünstigt durch das traurige Beispiel, das der kaiserliche Hof selbst nach dieser Richtung hin der Welt bot, zu stark, um nicht alles mit sich fortzureißen. Daher der bezeichnende Ausspruch Senecas in der vorliegenden Abhandlung (cap. 12), das römische Volk zeige geistige Kraft nur noch in der Erfindung immer neuer Laster. Es bedurfte der stark gewürzten Kost seiner Redeweise, um bei diesem verwahrlosten Geschlecht überhaupt nur Gehör zu finden, wenn man ihm sein Sündenregister vorhalten wollte. Unser Dialog bietet eine Probe davon.

## Inhaltsübersicht

Die seit alter Zeit fast allgemeine Klage der Menschen über die Kürze des Lebens hat ihren Grund in der Unbedachtsamkeit der Menschen selbst, die, nur äußerer Vorteile und Umstände wegen, ihre Kräfte meist im Dienst anderer verwenden, ohne die Zeit zu finden, sich innerlich zu sammeln und sich über ihre höhere und eigentliche Bestimmung klarzuwerden. So werden sie vom Tode überrascht, ohne für ihn reif zu sein. Auch hochbegabte Männer fühlen zwar oft und stark den Druck der Geschäfte, verabsäumen aber, sich rechtzeitig von ihnen loszumachen. So erscheint ihnen das Leben zu kurz, um sie wirklich zu befriedigen. Die Genußmenschen vollends haben von vornherein kein Verständnis für den Wert der Zeit; so flieht sie dahin, ohne von ihnen ergriffen zu werden, c. 1–7.

Die Zeit teilt sich in Gegenwart, Vergangenheit und Zukunft. Die Gegenwart ist an den Augenblick gebunden, die Vergangenheit ist unabänderlich abgeschlossen, die Zukunft ist zweifelhaft. Die Gegenwart wird meist nicht im rechten Sinne ausgenützt, weil man noch auf eine lange Zukunft rechnet. Selbst die aller öffentlichen Geschäfte Ledigen kann man oft noch in gewissem Sinne als »Geschäftige« bezeichnen. Es scheint nämlich oft, als hätten sie kaum genug Zeit, um alle Vorbereitungen für ihre glänzenden Gastereien zu treffen und ihre Kunstsammlungen in Ordnung zu halten, während für andere die strenge Innehaltung der Ordnung für ihre unnatürlich üppige Lebensweise zu einer Art Geschäft wird. Selbst die Beschäftigung mit

Literatur und angeblicher Wissenschaft verfällt oft einer ganz unfruchtbaren Richtung, wie zum Beispiel der Sammlung antiquarischer Notizen, die für die Bildung des inneren Menschen wertlos sind. Die einzig richtige Ausnutzung der Muße ist das Fortschreiten auf dem Weg zur Weisheit, die uns zu Herren der Vergangenheit, Gegenwart und Zukunft macht und uns in gewissem Sinne schon hienieden über die Sterblichkeit zu erheben vermag, c. 7–15.

Wenn die in dem einen oder dem anderen Sinn, »Geschäftigen« sich bisweilen den Tod wünschen, so heißt das nicht, daß ihnen das Leben zu lang wird, sondern nur, daß sie mit der Zeitausnutzung nicht Bescheid wissen, c. 16, 17.

Freundschaftliche Mahnung an Paulinus, sich loszumachen von dem beschwerlichen und von ihm so lange in ruhmwürdigster Weise verwalteten hohen Staatsamt und fortan sich der Muße zu erfreuen, jener edlen Muße, die dem Studium der Philosophie gewidmet sei, für das ihn schon seine Jugendzeit vorbereitet habe. c. 18.

1. Die meisten Menschen, mein Paulinus, klagen über die Bosheit der Natur: Unsere Lebenszeit, heißt es, sei uns zu kurz bemessen, zu rasch, zu reißend verfliege die uns vergönnte Spanne der Zeit, so schnell, daß mit Ausnahme einiger weniger den anderen das Leben noch mitten unter den Zurüstungen zum Leben entweiche. Und es ist nicht etwa bloß der große Haufen und die unverständige Menge, die über dies angeblich allgemeine Übel jammert, nein, auch hoch angesehene Männer haben, von dieser Stimmung angesteckt, sich

in Klagen ergangen. Daher jener Ausruf des größten der Ärzte:[1] »Kurz ist das Leben, lang die Kunst.« Daher der einem Weisen wenig ziemende Hader des Aristoteles[2] mit der Natur: »Die Natur hat es mit den Tieren so gut gemeint, daß sie ihnen fünf, ja zehn Jahrhunderte Lebenszeit vergönnt, während dem Menschen, der für so vieles und für so Großes geboren ist, ein so viel früheres Ende beschieden ist.« Nein, nicht gering ist die Zeit, die uns zu Gebote steht; wir lassen nur viel davon verloren gehen. Das Leben, das uns gegeben ist, ist lang genug und völlig ausreichend zur Vollführung auch der herrlichsten Taten, wenn es nur von Anfang bis zum Ende gut verwendet würde; aber wenn es sich in üppigem Schlendrian verflüchtigt, wenn es keinem edlen Streben geweiht wird, dann merken wir erst unter dem Druck der letzten Not, daß es vorüber ist, ohne daß wir auf sein Vorwärtsrücken achtgegeben haben. So ist es: Nicht das Leben, das wir empfangen, ist kurz, nein, wir machen es dazu; wir sind nicht zu kurz gekommen; wir sind vielmehr zu verschwenderisch. Wie großer, fürstlicher Reichtum in der Hand eines nichtsnutzigen Besitzers, an den er gelangt ist, sich im Augenblick in alle Winde zerstreut, während ein, wenn auch nur mäßiges Vermögen in der Hand eines guten Hüters durch die Art, wie er damit verfährt, sich mehrt,

---

1 Hippocrates: Aphorismen I 1.

2 Hier scheint eine Verwechslung mit Theophrast vorzuliegen. Vgl. Cic. Tusc. III 69 Theophrastus moriens accusasse naturam dicitur, quod cervis et cornicibus vitam diuturnam quorum id nihil interesset, hominibus, quorum maxime interuisset tam exiguam vitam dedisset: quorum si setas potuisset esse longinquior, futurum fuisse, ut omnibus perfectis artibus, omni doctrina hominum vita erudiretur.

so bietet unser Leben dem, der richtig damit umzugehen weiß, einen weiten Spielraum.

2. Was klagen wir über die Natur? Sie hat sich gütig erwiesen: Das Leben ist lang, wenn man es recht zu brauchen weiß. Aber den einen hält unersättliche Habsucht in ihren Banden gefangen, den anderen eine mühevolle Geschäftigkeit, die an nutzlose Aufgaben verschwendet wird; der eine geht ganz in den Freuden des Bacchus auf, der andere dämmert in trägem Stumpfsinn dahin; den einen plagt der Ehrgeiz, der immer von dem Urteil anderer abhängt, den anderen treibt der gewinnsuchende, rastlose Handelsgeist durch alle Länder, durch alle Meere; manche hält der Kriegsdienst in seinem Bann; sie denken an nichts anderes, als wie sie anderen Gefahren bereiten oder ihnen selbst drohende Gefahren abwehren können; manche läßt der undankbare Herrendienst sich in freiwilliger Knechtschaft aufreiben; viele kommen nicht los von dem Glück anderer oder von der Klage über ihre eigene Lage; die meisten jagt mangels jedes festen Zieles ihre unstete, schwankende, auch sich selbst mißfällige Leichtfertigkeit zu immer neuen Entwürfen. Manche wollen von einer sicher gerichteten Lebensbahn überhaupt nichts wissen, sondern lassen sich vom Schicksal in einem Zustand der Schwäche und Schlaffheit überraschen, so daß ich nicht zweifle an der Wahrheit des Wortes jenes erhabenen Dichters, das wie ein Orakelspruch klingt:[3]

---

3 Wohl aus einem Tragiker, vermutlich Euripedes. An einen Komiker ist schwerlich zu denken. Vgl. Meineke IV 194.

»Ein kleiner Teil des Lebens nur ist wahres Leben«; der ganze übrige Teil ist nicht Leben, ist bloße Zeit. Von allen Seiten drängt und stürmt das Unheil an und läßt nicht zu, daß man den Blick erhebe zur Betrachtung der Wahrheit, drückt die Menschen vielmehr in die Tiefe und fesselt sie an die Begierden. Niemals wird es ihnen möglich, zu sich selbst zu kommen, und tritt zufällig etwa einmal eine Pause ein, dann schwanken sie hin und her wie das tiefe Meer, das auch nach dem Sturm noch in Bewegung ist; kurz, niemals lassen ihre Begierden sie in Ruhe. Und meinst du etwa, ich spräche nur von denen, über deren beklagenswerte Lage alle sich einig sind? Blicke hin auf jene, die allgemein als Glückskinder angestaunt werden: Sie ersticken an ihrem eigenen Glück. Wie vielen wird der Reichtum zur Last! Wie vielen raubt das Rednergeschäft und das tägliche Verlangen[4], ihr Talent leuchten zu lassen, die wahre Lebenskraft! Wie viele bieten infolge des unaufhörlichen Sinnengenusses den Anblick von wandelnden Leichen! Wie vielen läßt die sich drängende Klientenschar keinen freien Augenblick! Kurz, gehe sie alle durch vom Niedrigsten bis zum Höchsten: Der eine sucht einen Anwalt, der andere stellt sich ihm zur Verfügung; der eine ist in Gefahr, der andere übernimmt die Verteidigung; wieder ein anderer fällt das Urteil; keiner sichert sich sein Recht über sich selbst; der eine verzehrt sich im Dienst für den anderen. Frage nach jenen Stützen der Gesellschaft, deren Namen auswen-

4 Hier liegt in dem Wort spatio eine Verderbnis vor. Vielleicht ist dafür einzusetzen captatio.

dig gelernt werden, du wirst sehen, man unterscheidet sie nach folgenden Merkmalen: Der eine dient diesem, der andere jenem, keiner sich selbst. Ganz sinnlos ist demnach die Entrüstung so mancher. Sie klagen über den Hochmut der Höherstehenden, weil diese für den zudringlichen Besucher keine Zeit gehabt haben! Darf sich irgend jemand herausnehmen, über den Stolz eines anderen zu klagen, der für sich selbst niemals Zeit hat? Jener hat dir unbedeutendem Gesellen doch irgendwann einmal einen Blick gegönnt, wenn auch einen noch so hochfahrenden, er hat sein Ohr zu deinem Anliegen herabgelassen; du aber hast dich nie für wert gehalten, einen Blick in dich zu tun, auf dich selbst zu hören. Diese deine Dienstbeflissenheit gibt dir also keinen Anspruch auf Beachtung von seiten irgend jemandes; denn als du sie ausübtest, lag dem nicht die Absicht einer Verbindung mit dem anderen zu Grunde, sondern nur das Unvermögen, dir selber anzugehören.

3. Mögen auch die glänzenden Geister aller Zeiten über diese Tatsache in Übereinstimmung sein, so werden sie sich doch niemals genug wundern können über diese geistige Finsternis der Menschen. Ihre Landgüter lassen sie von niemand in Beschlag nehmen, und beim geringsten Streit über die Feldmark rennen sie nach Waffen; was aber ihr eigenes Leben betrifft, so lassen sie andere in dasselbe eingreifen; ja nicht genug damit, sie bemühen sich sogar darum, andere zu Herren und Besitzern ihres Lebens zu machen. Es findet sich keiner, der sein Geld austeilen möchte; sein Leben dagegen, unter wie viele verteilt es ein jeder! Ihr

Vermögen zusammenzuhalten, sind sie immer eifrig beflissen; handelt es sich aber um Zeitverlust, so zeigen sie sich als die größten Verschwender da, wo der Geiz die einzige Gelegenheit hat, in ehrbarer Gestalt aufzutreten. Greifen wir also aus der Masse der Höherbetagten irgend einen heraus: »Wir sehen, du bist an der äußersten Grenze menschlichen Lebens angelangt; hundert Jahre oder mehr noch lasten auf dir. Wohlan, überschlage dein Leben und gib Rechenschaft davon. Berechne, wieviel dir davon der Gläubiger, wieviel die Geliebte, wieviel der Angeklagte, wieviel der Klient entzogen hat, wieviel der eheliche Hader, wieviel die Sklavenzucht, wieviel das dienstbeflissene Umherrennen in den Straßen der Stadt; nimm dazu die selbstverschuldeten Krankheiten und was unbenutzt liegen blieb, so wirst du sehen: die Zahl deiner Jahre ist geringer, als du annimmst. Frage dein Gedächtnis, wenn du einmal deiner Sache wirklich sicher gewesen bist, wie wenige Tage deiner Absicht gemäß verlaufen sind, wie selten du mit dir selbst Umgang gepflogen, wie selten du dein wahres Gesicht gezeigt, wie oft dein Gemüt verzagt hat; frage dich, was du in dieser langen Lebenszeit tatsächlich geleistet, wieviel dir von deinem Leben durch andere weggenommen worden, ohne daß du des Verlustes gewahr wurdest, wieviel dir vergebliche Trauer, törichte Freude, unersättliche Begierde, der Reiz der Geselligkeit Zeit geraubt, wie wenig dir von dem Deinigen geblieben – und du wirst einsehen, daß du stirbst, ehe du reif bist.«

Wie steht's also damit? Ihr lebt, als würdet ihr immer leben; niemals werdet ihr eurer Gebrechlichkeit euch bewußt; ihr habt nicht acht darauf, wieviel Zeit bereits vorüber ist; ihr verschwendet sie, als wäre sie unerschöpflich, während inzwischen gerade der Tag, der irgend einem Menschen oder einer Sache zuliebe hingegeben wird, vielleicht der letzte ist. Ihr fürchtet alles, als wäret ihr nur sterblich; ihr begehrt alles, als wäret ihr auch unsterblich. Wie oft vernimmt man die Äußerung: »Mit dem fünfzigsten Jahr begebe ich mich in den Ruhestand, mit dem sechzigsten mach' ich mich frei von aller amtlichen Tätigkeit.« Und wer leistet dir Bürgschaft für ein längeres Leben? Wer soll den Dingen gerade den Lauf geben, den du ihnen bestimmst? Schämst du dich nicht, nur den Rest deines Lebens für dich zu behalten und dir für dein geistiges Wohl nur diejenige Zeit vorzubehalten, die sich zu nichts mehr verwenden läßt? Welche Verspätung, mit dem Leben anzufangen, wenn man aufhören muß! Was für eine Torheit, was für ein gedankenloses Übersehen der Sterblichkeit, auf das fünfzigste und sechzigste Jahr alle Heilspläne hinauszuschieben und es sich in den Kopf zu setzen, das Leben zu beginnen an dem Punkt, bis zu dem es nur wenige bringen.

4. Den mächtigsten und höchstgestellten Männern entfallen, wie du bemerken wirst, Äußerungen, in denen sie ihren Wunsch nach Ruhe kundgeben; sie preisen diese und geben ihr den Vorzug vor allen ihren Herrlichkeiten. Sie wünschen mitunter von ihrer Höhe, wenn es ohne Gefahr geschehen kann, herabzusteigen; denn mag auch von außen keine Gefahr oder Erschütterung drohen, das Glück bricht in sich selbst zusammen.

Der selige Augustus, der sich mehr als sonst irgend einer der Gunst der Götter erfreute, hat nicht aufgehört, sich Ruhe zu erflehen. Keine Unterhaltung, in der er nicht darauf zurückkam, er hoffe auf Muße. Mit diesem süßen, wenn auch falschen Trost, daß er endlich einmal sich selbst leben würde, suchte er sich seine Arbeitslast zu erleichtern. In einem an den Senat gerichteten Schreiben, in dem er versprach, daß seine Ruhe der Würde nicht entbehren und von seinem früheren Ruhm nicht abstechen werde, finde ich folgende Worte: »Alles das sind Dinge, die sich besser in der Wirklichkeit ausnehmen werden als in der Verheißung. Mich indes hat der lebhafte Wunsch nach dieser heiß ersehnten Zeit, da die Freude an der Wirklichkeit noch auf sich warten läßt, dazu vermocht, mir im voraus einiges Vergnügen zu sichern durch den süßen Zauber der Worte.« In so hohem Maße begehrenswert erschien ihm die Muße, daß er sie sich in Gedanken im voraus lebhaft vorstellte, da die Wirklichkeit sie ihm noch versagte. Er, der alles von sich allein abhängig wußte, der über das Schicksal von Menschen und Völkern entschied, dachte in freudigster Stimmung an den Tag, wo er seiner Erhabenheit ledig würde. Er hatte an sich erfahren, wieviel Schweiß jene über alle Länder strahlende Herrlichkeit kostete, wieviel verborgenen Kümmernissen sie als Deckmantel diente. Genötigt, erst gegen seine Mitbürger, sodann gegen seine Amtsgenossen, schließlich auch gegen seine Verwandten die Waffen entscheiden zu lassen, hat er zu Wasser und zu Land blutige Kämpfe geführt; durch Mazedonien, Sizilien, Ägypten, Syrien, Asien und fast an allen Küsten unter beständigen Kämpfen umhergetrieben, hat er die des Römermordens müden Legionen zur Verwendung für auswärtige Kriege bestimmt. Während er im Alpengebiet Ruhe schaffte und die Feinde bezwang, die sich mitten im Frieden in das Reich eindrängten, während er die Grenzen, sogar über den Rhein, über den Euphrat, über die Donau vorschob, wurden in Rom selbst die Dolche eines Murena, eines Caepio, Lepidus, Egnatius und anderer gegen ihn gewetzt. Noch war er den Nachstellungen nicht entgangen, da setzte seine Tochter und eine ganze Reihe adeliger Jünglinge, die durch sträflichen Umgang wie durch einen Eid an sie gefesselt waren, den bereits durch die Jahre geschwächten Herrscher in Schrecken, und Paulus[5] und abermals ein an der Seite des Antonius[6] Furcht erweckendes Weib. Diese Geschwüre hatte er mitsamt den Gliedern abgeschnitten; andere wuchsen nach. Wie ein durch Blutfülle beschwerter Körper wurde er immer an irgendwelcher Stelle von einem Ausbruch heimgesucht. Daher wünschte er sich die Muße; in der Hoffnung und in dem Gedanken an sie beruhigten sich seine Arbeitssorgen; sie war der Wunsch dessen, der die Macht hatte, Wünsche zu erfüllen.

5. Marcus Cicero, hin- und hergeworfen zwischen Männern wie Catilina und Clodius, wie Pompejus und Crassus, die teils seine erklärten Feinde, teils zweideutige Freunde waren, während er mitsamt der Republik

---

5 Mit vollem Namen Lucius Aemilius Paulus.

6 Jullus Antonius, Sohn des Triumvir und der Fulvia. Er war der Buhler der Tochter des Augustus, der berüchtigten Julia.

schwankte und sie vor dem Untergang zu bewahren suchte, schließlich bei Seite gedrückt, doch weder im Glück beruhigt noch gewappnet gegen das Unglück – wie oft verwünscht er selbst sein Konsulat, das nicht ohne Grund, aber maßlos gepriesen wird! Wie kläglich äußert er sich in einem Brief an Atticus[7] zu jener Zeit, wo Pompejus, der Vater, bereits überwunden war, der Sohn aber in Hispanien die Niederlage wiedergutzumachen suchte. »Was ich hier tue«, schreibt er, »fragst du? Ich weile in meinem Tusculanum, ein Halbfreier.« Daran schließen sich noch weitere Äußerungen, teils Weherufe über die vergangene Zeit, teils Klagen über die Gegenwart, teils verzweifelnde Hinweise auf die Zukunft. Einen Halbfreien nannte sich Cicero. Aber wahrlich, nie wird ein Weiser sich zu einer solchen Erniedrigung seines Namens hergeben, niemals wird er ein Halbfreier sein, er, der doch immer im Besitz der ungeschmälerten und vollen Freiheit ist, aller Bande ledig, sein eigener Herr und emporragend über die anderen. Denn was könnte den überragen, der über dem Schicksal steht?

6. M. Livius Drusus[8] war ein tatkräftiger und leidenschaftlicher Mann. Er war es, der, sich stützend auf einen gewaltigen Anhang aus der Bevölkerung ganz Italiens, neue Gesetzanträge stellte und das Gracchische Unheil wieder aufleben ließ. Nicht hinreichend

7 Dieser Brief ist verlorengegangen. Unser Fragment steht in der Müllerschen (Teubnerschen) Ausgabe Bd. IV, 3 p. 303, 30.

8 S. die Anmerkung 27 zum ersten Band p. 266. Seine Ermordung trug wesentlich dazu bei, den Bundesgenossenkrieg im Jahr 91 v. Chr. zum Ausbruch zu bringen.

scharfen Blickes, um den Ausgang der Dinge zu überschauen, war er weder in der Lage, die Sache durchzuführen, noch stand es ihm frei, das einmal Begonnene liegen zu lassen. So verwünschte er denn, wie es heißt, sein von Beginn an ruheloses Leben, wie man sagt, mit folgenden Worten: »Ich bin der Einzige, der nicht einmal in seinen Knabenjahren jemals einen Feiertag gehabt hat.« Denn er hatte den Mut, noch als Unmündiger und mit der Prätexta Bekleideter vor den Richtern als Anwalt von Angeklagten aufzutreten und wußte auf dem Forum seinen Einfluß so wirksam geltend zu machen, daß er, wie bekannt, in mehreren Fällen den Richtern seinen Willen aufzwang. Wovon mochte ein so frühzeitiger Ehrgeiz sich abschrecken lassen? Kein Zweifel, eine so vorzeitige Krankheit mußte zum größten Unheil ausschlagen für ihn sowohl für den Staat. Zu spät also klagte er, es seien ihm keine Feiertage beschieden gewesen, da er von Kindheit auf ein Brausekopf und eine Plage für das Forum war. Man streitet darüber, ob er selbst Hand an sich gelegt; er stürzte nämlich plötzlich an einem Stich durch den Unterleib zusammen; manche lassen es dahingestellt, ob sein Tod ein freiwilliger war, niemand aber, daß er zur rechten Zeit eintrat. Es wäre überflüssig, noch eine Anzahl anderer anzuführen, die, während sie alle anderen an Glück zu überstrahlen schienen, ihrerseits selbst sich ein vernichtendes Zeugnis ausstellten, indem sie mit Widerwillen auf ihr ganzes vergangenes Leben zurückblickten. Indes durch solche Klagen haben sie weder andere noch sich selbst geändert; denn sobald die Worte verflogen sind, setzen die alten Leidenschaften wieder mit ihrem Spiel ein. Wahrhaftig, euer Leben, mag es auch tausend Jahre überschreiten, wird doch auf eine Winzigkeit zusammenschrumpfen; jenem Unwesen werden die Jahrhunderte der Reihe nach zum Opfer fallen; diejenige Zeitspanne aber, die trotz des raschen Naturverlaufes durch die Vernunft erweitert wird, muß euch allerdings rasch verfliegen; ihr ergreift sie ja nicht, haltet sie nicht fest und zwingt diese schnellste Läuferin nicht zum Stillstand, sondern laßt sie dahingehen wie etwas Überflüssiges und leicht Ersetzbares.

7. Vor allem rechne ich hierher auch diejenigen, die für nichts Zeit haben als für Wein und Wollust; denn es gibt keine angebliche Beschäftigung, die ehrloser wäre als diese. Die anderen, mag auch nur das Trugbild des Ruhmes es sein, in dessen Bann sie stehen, haben bei ihren Verirrungen doch noch einen gewissen Schein für sich. Verweise mich auf Habgierige oder Jähzornige oder auf Männer, die ohne gerechten Grund hassen oder Krieg führen – sie alle können für ihre Fehler sich doch noch auf eine gewisse Männlichkeit berufen; aber wer sich an den Bauchesdienst oder die Wollust wegwirft, der bedeckt sich mit untilgbarer Schande. Prüfe nur im einzelnen genau die Art, wie sie ihre Zeit verwenden, sieh ihnen zu, wie lange sie rechnen, wie lange sie über ihren Anschlägen brüten und auf der Lauer liegen, wie lange sie Bücklinge vor anderen machen oder andere nötigen, dies vor ihnen zu tun, wieviel Zeit ihnen ihre eigenen oder fremde Bürgschaften wegnehmen, wieviel ihre Gelage, in denen sie ja längst schon ihren eigentlichen Beruf sehen,

und du wirst begreifen, daß ihre eigenen Laster oder vermeintlichen Güter sie überhaupt nicht zu Atem kommen lassen.

Es herrscht schließlich allgemeine Übereinstimmung darüber, daß ein derartig in Beschlag genommener Mensch untauglich ist für irgendwelche ernstliche Beschäftigung, für das Studium der Beredsamkeit und der höheren Wissensfächer; denn sein zerstreuter Geist nimmt nichts tief in sich auf, sondern gibt alles, als wäre es eingezwängt, wieder von sich. Auf alles andere versteht sich ein so in Beschlag genommener Mensch besser, als auf die Kunst zu leben: Es gibt keine Kunst, die schwerer zu erlernen wäre. Lehrmeister für andere Künste finden sich allenthalben, und zwar in großer Zahl; in einigen dieser Künste zeigten sich sogar schon Knaben dermaßen bewandert, daß sie bereits als Lehrer auftreten könnten; aber leben zu lernen, dazu gehört das ganze Leben, und, was du vielleicht noch wunderbarer finden wirst, sein Leben lang muß man sterben lernen. Viele hervorragende Männer haben unter Beseitigung aller Hindernisse und unter Verzicht auf Reichtum, Amtstätigkeit und Vergnügungen bis in das höchste Alter all ihr Bemühen einzig darauf gerichtet, leben zu lernen. Doch ist die Mehrzahl derselben mit dem Geständnis aus dem Leben geschieden, noch hätten sie es nicht zu dieser Kenntnis gebracht. Wie sollten also jene anderen sich darauf verstehen! Es gehört, glaube mir, ein großer und über menschliches Irrsal erhabener Mann dazu, nichts von seiner Zeit umkommen zu lassen, und sein Leben ist aus dem Grund das längste, weil es in seiner ganzen Ausdehnung ihm selbst zur Verfügung stand. Nichts davon hat brach und unbenutzt gelegen, nichts hing von der Verfügung eines anderen ab; hat er doch nichts gefunden, was wert gewesen wäre, es mit seiner Zeit zu vertauschen, deren sparsamster Hüter er war. Und darum reichte sie für ihn aus, während sie jenen notwendig gefehlt haben muß, deren Leben zum großen Teil den öffentlichen Aufgaben gewidmet war. Und kein Zweifel: Es werden jene dereinst sich des Schadens bewußt werden, den sie sich zugezogen; gar viele wenigstens von denen, die die Last großes Glückes tragen, kann man mitten im Gedränge ihrer Klienten oder bei Ausübung ihrer Anwaltstätigkeit oder sonstiger armseliger Ehrenpflichten zuweilen ausrufen hören: »Es ist mir nicht vergönnt zu leben.« Warum sollte es nicht vergönnt sein? Alle jene, die deine Rechtshilfe in Anspruch nehmen, entziehen dich dir selbst. Jener Angeklagte, wieviele Tage hat er dir geraubt? Wieviele jener, der als Kandidat auftrat? Wieviele jenes alte Weib, das nicht genug Erben begraben kann? Wieviele jener, der sich krank stellte, um die Habsucht der Erbschleicher zu reizen? Wieviele jener an Macht euch überragende Freund, für den ihr nicht Freund seid, sondern nur ein Mittel, mit euch zu prunken? Gehe sie alle durch, sage ich, und prüfe sie, die Tage deines Lebens, du wirst sehen: Nur wenige von anderen in Anspruch genommene Tage sind dir übrig geblieben. Wer es endlich zu den ersehnten Fasces (der Konsulatswürde) gebracht hat, wünscht sie wieder los zu sein und sagt einmal über das andere: »Wann wird dies Jahr zu Ende sein?« Ein anderer veranstaltet Spiele, die durch des Loses Entscheidung sich übertragen zu sehen er sich zu hoher Ehre angerechnet hatte; jetzt hört man ihn sagen: »Wann werde ich die Sache endlich los sein?« Um einen anderen reißt man sich förmlich auf dem ganzen Forum, ihn zum Anwalt zu haben, und das Publikum drängt sich um ihn zusammen in einem Kreis, der weit über den Hörbereich hinausgeht: »Wann«, ruft er aus, »wird die Sache vertagt werden?« Es überstürzt ein jeder sein Leben, leidet an Sehnsucht nach der Zukunft und an Überdruß an der Gegenwart. Aber der, welcher keinen Augenblick vorübergehen läßt, ohne ihn zu seinem Heil zu verwenden, der jeden Tag so nützlich verwendet, als ob es der letzte wäre, erwartet den morgigen Tag weder mit Verlangen noch mit Furcht. Denn was für einen neuen Genuß könnte ihm denn irgend eine Stunde bringen? Alles ist ihm bekannt, alles gründlich durchgekostet. Was das übrige anlangt, so mag das Schicksal nach Belieben darüber entscheiden: Sein Leben ist bereits in Sicherheit. Ein Zuwachs ist noch möglich, ein Abzug nicht, und mit dem Zuwachs steht es ähnlich wie bei einem bereits Gesättigten und Befriedigten, der noch einige Bissen dazunimmt, nach denen er nicht verlangt, die er sich aber gefallen läßt. Die grauen Haare und die Runzeln geben dir also keinen hinlänglichen Grund zu glauben, es habe irgend einer lange gelebt. Nicht lange gelebt hat er, er ist nur lange dagewesen. Denn wie? Meinst du etwa, es habe einer eine weite Seefahrt gemacht, den gleich nach Auslaufen aus dem Hafen ein wütender Sturm erfaßte, ihn hierhin und dorthin schleuderte und durch das Rasen der umspringenden Winde auf der nämlichen Meeresfläche immer im Kreis herumtrieb?

Keine weite Seefahrt hat er gemacht; er ist nur vielfach hin und hergeworfen worden.

8. Ich wundere mich oft, wenn ich sehe, daß man andere bittet, uns ihre Zeit zu widmen, und daß die darum Ersuchten sich so überaus gefällig erweisen. Beide lassen sich bestimmen durch die Rücksicht auf das, was die Bitte um Zeit veranlaßte, keiner von beiden durch die Rücksicht auf die Zeit selbst: Man bittet um sie, als wäre sie nichts; man gewährt sie, als wäre sie nichts. Mit dem allerkostbarsten Besitz geht man um wie mit einem Spielzeug. Die Täuschung kommt daher, daß die Zeit etwas Unkörperliches ist und nicht mit den Augen wahrgenommen wird; daher die geringe Achtung, in der sie steht, ja ihre völlige Wertlosigkeit. Jahresgehälter und Geldzahlungen läßt man sich gern gefallen und vergilt sie durch seine Arbeit, seine Mühe, seinen Fleiß. Die Zeit aber wird von niemand recht geschätzt; man vergeudet sie, als ob sie nichts wert wäre. Aber diese nämlichen Zeitverächter, betrachte sie nur, wenn sie krank sind, wenn dic Todesgefahr näher rückt, wie sie die Knie der Ärzte umfassen und wie sie, wenn die Angst vor etwaiger Todesstrafe sie peinigt, bereit sind, all das Ihrige hinzugeben, um nur am Leben zu bleiben. So auffällige Widersprüche zeigen sich in ihren Seelenregungen. Könnte einem jeden die Zahl seiner künftigen Jahre ebenso genau vorgerechnet werden wie die vergangenen, wie würden diejenigen, die nur noch auf wenige Jahre Aussicht hätten, zittern, wie sparsam würden sie mit diesen wenigen umgehen! Und doch ist es leicht, etwas, dessen man ganz sicher ist, mag es auch noch so gering sein, richtig einzuteilen;

weit größere Achtsamkeit erfordert die Behütung dessen, wovon man nicht weiß, wann es aufhöre. Gleichwohl darf man nicht glauben, sie wüßten überhaupt nicht, um was für eine kostbare Sache es sich handelt; pflegen sie doch zu denen, die ihrem Herzen am nächsten stehen, zu sagen, sie seien bereit, ihnen einen Teil ihrer Jahre zu schenken. Sie geben ohne rechtes Verständnis. Was sie geben, ist für die Empfänger kein Gewinn, für sie selbst aber ein Verlust. Allein eben das, was dadurch herabgemindert wird, kennen sie nicht; sie empfinden den Schaden nicht, und darum ist ihnen der Verlust erträglich. Niemand wird dir die Jahre zurückbringen, niemand dich dir selbst wieder zurückgeben; deine Lebenszeit wird dem Anfang entsprechend dahingehen und ihren Lauf nicht rückgängig machen oder hemmen; sie wird sich nicht ungebärdig stellen, wird dich auf keine Weise an ihre Eile erinnern; ruhig wird sie dahinfließen; keines Königs Machtgebot, keine Volksgunst wird ihr zu einer Verlängerung verhelfen; ihrer anfänglichen Bestimmung gemäß wird sie ihren Lauf vollziehen, wird nirgends einkehren, nirgends verweilen. Worauf läuft's hinaus? Du bist immer mit Geschäften beladen, das Leben eilt; inzwischen wird der Tod sich einstellen, für den du Zeit haben mußt, du magst wollen oder nicht.

9. Kann es etwas geben, das zu mehr Mühsal führt als die Sinnesart[9] der Menschen, derjenigen nämlich, die sich auf ihre Klugheit etwas zugute tun? Sie belas-

---

9 Für sensus der Hss. ist meines Erachtens zu lesen sensu esse und das Fragezeichen hinter operosius zu setzen. Dann ist jede weitere Äußerung unnötig. Demgemäß habe ich übersetzt.

ten sich mit Geschäften, um besser leben zu können; auf Kosten des Lebens richten sie sich ihr Leben ein! Mit ihren Entwürfen greifen sie weit in die Zukunft. Ferner: Der größte Verlust für das Leben ist die Verzögerung: Sie entzieht uns immer gleich den ersten Tag, sie raubt uns die Gegenwart, während sie Fernliegendes in Aussicht stellt. Das größte Hemmnis des Lebens ist die Erwartung, die sich an das Morgen hängt und das Heute verloren gibt. Was in der Hand des Schicksals liegt, darüber verfügst du; was in der deinen liegt, das läßt du fahren. Wohin blickst du? Wonach streckst du die Arme aus? Alles, was da kommen soll, liegt im ungewissen. Jetzt, auf der Stelle, erfasse das Leben! Auf! Es ruft dir der größte und wie von göttlichem Geist erfüllte Dichter den heilsamen Spruch zu:[10]

*»Immer der beste der Tage im Leben der Menschen,*
*der armen, flieht zuerst.«*

Das will sagen: »Was zögerst du, was zauderst du? Wenn du ihn nicht fasst, flieht er davon! Und hast du ihn gefaßt, so wird er dennoch entfliehen. Darum gilt es, die Schnelligkeit der Zeit im Wettkampf zu überwinden durch schleunigste Ausnutzung. Wie aus einem reißenden Gießbach, der nicht immer fließt, muß man eiligst schöpfen. Auch darin trifft es der Dichter mit seinem Tadel des endlosen Zögerns sehr glücklich, daß er nicht sagt: »immer das beste Lebensalter«, sondern: »der beste Tag«. Was reihst du sorglos und gelassen

10 Vgl. Georg III 66.

gegenüber der raschen Flucht der Zeiten Monate und Jahre dir in endloser Folge aneinander, wie es deine Unersättlichkeit für gut befindet? Vom Tage spricht der Dichter mit dir, von diesem eben entfliehenden Tage selbst. Ist es also etwa zweifelhaft, daß gerade der beste Tag den armen, mit anderen Worten, den mit Geschäften belasteten Menschen, zuerst entflieht? Sie sind noch kindisch, wenn das Greisenalter sie überrascht, in das sie unvorbereitet und ungerüstet eintreten. Denn von Vorsorge war nicht die Rede. Plötzlich und ahnungslos sind sie hineingetaumelt, ohne daß sie merkten, daß es täglich näher rückte. Wie Unterhaltung oder Lektüre oder irgend ein fesselnder Gedanke Reisende täuscht, so daß sie eher ihre Ankunft gewahr werden als ihre Annäherung, so werden sich die mit Geschäften Belasteten dieser unaufhaltsamen und rasch verlaufenden Lebensweise, die wir wachend und schlafend gleichen Schrittes fortsetzen, nicht eher bewußt, als bis sie am Ende sind.

10. Wollte ich meine Behauptung durch zergliedernde Beweisführung stützen, so würden sich reichlich Belege dafür finden, daß das Leben der mit Geschäften Belasteten sehr kurz sei. Fabianus[11], der nicht zu den Kathederlehrern gehörte, sondern zu den echten und alten Philosophen, pflegte zu sagen: »Gegen die Leidenschaften muß man in kräftigem Ansturm kämpfen, nicht mit bedächtiger Behutsamkeit; nicht mit unmerk-

---

11 Über diesen von Seneca selbst gekannten und gehörten Philosophen der Schule der Sextier s. Zeller III, 1, 600 Anm. 6. In den Briefen tut Seneca seiner mehrfach Erwähnung, immer größter Achtung. Auch in unserem Dialog wird er noch einmal angeführt am Schluß von c. 13.

lichen Wunden, sondern in vollem Anlauf muß die Feindesschar zurückgewiesen werden; ein hänselndes Spiel taugt nichts, denn der Feind muß zerschmettert, nicht bloß gezupft werden.«

Indes, wenn man jenen Geschäftsmännern ihren Irrtum zu Gemüte führt, muß man sie belehren, nicht bloß beklagen. In drei Zeiten teilt sich das Leben: Vergangenheit, Gegenwart, Zukunft. Von ihnen ist die, in der wir stehen, kurz, die, welche uns bevorsteht, zweifelhaft, die wir hinter uns haben, gewiß, denn sie ist es, an welche das Schicksal sein Anrecht verloren hat und die keines Menschen Wille rückgängig machen kann. Diese Zeit ist für die Geschäftsmänner verloren; haben sie doch keine Zeit, in die Vergangenheit zurückzublicken, und findet sich einmal die Zeit, so ist die Erinnerung wenig angenehm, denn es handelt sich um eine bereuenswerte Sache. Nur mit Widerstreben lenken sie also ihre Aufmerksamkeit zurück auf Zeiten verfehlten Lebens und wagen nicht, das wieder anzurühren, dessen Verfehlungen, auch wenn sie durch einen gewissen augenblicklichen Lustreiz uns abgestohlen wurden, durch Wiederauffrischung nur um so sichtlicher werden. Niemand läßt sich gern wieder auf die Vergangenheit ein, außer dem, der alle seine Handlungen der strengsten und nie sich täuschenden Selbstprüfung unterwarf. Wer sich vielfach mit ehrgeizigen Plänen getragen, wer sich als stolzer Verächter, als übermütiger Sieger, als schlauer Betrüger, als habgieriger Räuber, als leichtsinniger Verschwender erwiesen hat, der scheut notwendig den Rückblick auf seine eigene Vergangenheit. Und doch ist über diesen Teil unserer

Zeit die Weihe des himmlischen Friedens ausgebreitet; ist er doch allen menschlichen Zufällen entrückt und der Herrschaft des Schicksals entzogen, gesichert vor Mangel, vor Furcht, vor Krankheitsanfällen; er kann nicht gestört, uns nicht entrissen werden; sein Besitz ist dauernd und frei von jedem Angstgefühl. Der Gegenwart gehört nur immer ein Tag um den anderen und auch dieser nur von Augenblick zu Augenblick; aber die Tage der Vergangenheit werden auf euer Geheiß sich euch sämtlich zur Verfügung stellen und sich nach eurem Belieben betrachten und festhalten lassen, wozu die Geschäftsmänner keine Zeit haben. Ein sorgenfreies und ruhiges Gemüt kann abwechselnd bald diesen, bald jenen Teil seines Lebens durchlaufen; die Seelen der Geschäftsmänner sind gleichsam durch ein Joch gehemmt, sie können sich nicht wenden und rückwärts schauen. So sinkt das Leben in den Abgrund, und du magst zuschütten, so viel du nur willst: Es hilft nichts, wenn kein Untergrund da ist, der es auffängt und festhält. So mögen dir die Lebensjahre auch noch so reichlich gewährt werden. Wenn sie keinen festen Widerhalt haben, so finden sie durch die gelockerten und durchlöcherten Seelen ihren Ausweg. Die Gegenwart ist nur ganz kurz, so kurz, daß sie manchen wie ein Nichts erscheint; sie eilt immer weiter, fließt dahin und kommt nicht zur Ruhe; sie hört eher auf, als sie kam, und duldet ebensowenig einen Verzug wie das Weltall oder die Gestirne, deren rastlose Bewegung niemals auf demselben Punkt innehält. Nur die Gegenwart also gehört den Geschäftsmännern, sie, die so kurz ist, daß man sie nicht fassen kann, und selbst diese entzieht sich ihnen infolge des zerstreuenden Vielerleis ihrer Tätigkeit.

11. Willst du schließlich wissen, wie kurz ihre Lebenszeit ist? Nun, so sieh zu, auf wie lange Lebenszeit ihre Wünsche gerichtet sind. Hinfällige Greise betteln mit Gelübden um einen Zusatz von wenigen Jahren; sie stellen sich selbst als jünger hin, schmeicheln sich selbst mit der Lüge und betrügen sich selbst mit so freudigem Eifer, als ob sie damit zugleich auch dem Schicksal ein Schnippchen schlügen. Und wenn irgend welcher Schwächeanfall sie an ihre Sterblichkeit mahnt, wie zittern sie da vor dem Tode, nicht, als träten sie aus dem Leben aus, sondern als würden sie mit Gewalt daraus entfernt. Toren seien sie gewesen, die kein wirkliches Leben geführt hätten – so jammern sie –, und wenn sie diese Krankheit überständen, dann wollten sie in Muße leben; dann werden sie sich klar darüber, daß sie sich blindlings mit Dingen abgegeben haben, die ihnen keinen Nutzen bringen, und daß ihr ganzes Tun und Treiben ein nichtiges war. Aber wer sein Leben fern von aller unfreien Geschäftigkeit führt, warum sollte es dem nicht hinreichend ausgedehnt sein? Nichts davon wird in den Dienst anderer gestellt, nichts dahin und dorthin verstreut, nichts davon dem Schicksal anheimgegeben, nichts geht durch Nachlässigkeit verloren, nichts wird durch Geschenke in Abzug gebracht, nichts ist überflüssig. Es verzinst sich sozusagen vollständig. Sei es also auch noch so kurz, es reicht doch reichlich aus, und darum wird der Weise, wann auch immer der letzte Tag kommt, nicht zögern, festen Schrittes in den Tod zu gehen.

12. Vielleicht fragst du, was ich eigentlich unter Geschäftsmännern verstehe? Glaube nicht, daß ich damit bloß die meine, die sich erst ganz zuletzt durch die auf sie gehetzten Hunde aus der Gerichtshalle verscheuchen lassen, und die du entweder inmitten einer großen Anhängerschar in eindrucksvollerer, oder, von den Gegnern gefolgt, in minder glänzender Weise sich entfernen siehst, oder bloß die, die ihre Dienstbeflissenheit ihrer Behausung entführt, um an fremden Türen anzuklopfen, oder die, die sich abplagen mit dem staatlichen Versteigerungsgeschäft, das ihnen schandbaren und mitunter für sie verhängnisvollen Gewinn in Aussicht stellt. Gibt es doch auch Leute, die in einer mit Geschäften beladenen Muße leben. Auf ihrem Landgut oder ihrem Ruhebett, mitten in der Einsamkeit, werden sie sich selbst zur Last, obschon sie sich von aller öffentlichen Tätigkeit zurückgezogen haben. Ihr Leben kann man kein der Muße geweihtes nennen; es ist vielmehr nur ein geschäftiger Müßiggang. Nennst du den einen geschäftsfreien, der Muße pflegenden Mann, der seine korinthischen Vasen, diese durch den Wahnsinn der wenigen Liebhaber im Preis so hoch hinangetriebenen Schaustücke, mit peinlichster Sorgfalt instand hält und seine meiste Zeit auf die verrosteten Metallblättchen verwendet? Der auf dem Ringplatz (denn, Schande über Schande! dieser Unfug, an dem wir leiden, ist nicht römischen Ursprungs) als Zuschauer ringender Knaben seinen Sitz einnimmt? Der die Herden seiner Zugtiere nach Alter und Farbe in Paare einteilt? Der sich die Athleten neuester Mode hält? Wie? Nennst du der Muße

ergeben die, welche stundenlang in der Barbier- und Friseurstube zubringen, wo sie sich den Bartwuchs der letzten Nacht abnehmen lassen, wo über jedes Härchen Rat gehalten, wo jede Verschiebung des Haares ausgeglichen oder bloßgelegte kahle Stellen durch Streichen der Haare nach vorn zu wieder zugedeckt werden? Wie brausen sie gereizt auf, wenn der Barbier sich etwas gehen läßt in dem Wahn, es sei ein Mann, den er unter der Schere habe! Wie entrüstet sind sie, wenn ein Büschelchen aus ihrer Mähne aus Versehen abgeschnitten ist, wenn die Anordnung auch nur das Geringste vermissen läßt, wenn nicht alles in Ringeln fällt, wie sich's gehört! Gibt es unter diesen Müßiggängern auch nur einen, der nicht lieber den Staat in Unordnung sähe als sein Haupthaar? Der sich nicht mehr Sorge machte um das tadellose Aussehen seines Kopfes als um dessen rechte innere Beschaffenheit? Der nicht lieber modisch aufgeputzt als brav und tüchtig sein möchte? Diese Leute nennst du der Muße ergeben, deren ganze Tätigkeit zwischen Kamm und Spiegel geteilt ist? Wie steht es mit denen, deren Tätigkeit im Anfertigen, im Auswendiglernen von Liederchen besteht, wobei sie der Stimme, deren natürlicher Gang bei aller Einfachheit so eindrucksvoll schön ist, die gewundensten Modulationen zumuten? Deren Finger den Takt zu irgend einem Lied abmessend immer gleichsam einen Klang von sich geben, und die, wenn sie zu ernsten, nicht selten auch zu traurigen Dingen zugezogen werden, die Beratung immer mit einer leisen Melodie begleiten? Was sie haben, ist nicht Muße, sondern geschäftiger Müßiggang.

Bei solchen Leuten möchte ich wahrhaftig selbst ihre Gastmähler nicht als freie Zeiten gelten lassen, angesichts der peinlichen Sorgfalt, mit der sie ihr Silber ordnen, angesichts der Genauigkeit, mit der sie das Untergewand ihrer Lotterbuben aufschürzen, angesichts auch der Spannung, mit der sie darauf achten, wie der Wildschweinbraten dem Koch geraten ist, wie rasch die Kastraten auf das gegebene Zeichen auf ihren Posten eilen, mit welcher Kunst das Geflügel in nicht zu große Stücke zerlegt wird, wie aufmerksam die bedauernswerten Buben den Auswurf der Betrunkenen abwischen. Damit setzen sie sich in den Ruf feiner und gehobener Lebensart, und ihre Untugenden folgen ihnen in ihre geheimsten Lebenslagen, so daß sie weder trinken noch essen, ohne ihrem Ehrgeiz zu fröhnen.

Auch die möchte ich nicht unter die der Muße Ergebenen zählen, die sich in Tragsesseln oder Sänften nach dieser oder jener Stelle hinbefördern lassen und die Stunde zu ihrer Spaziertour kaum erwarten können, als wäre jede Abweichung verpönt; diese Leute, die eines anderen bedürfen, um sich mahnen zu lassen, wann sie sich baden sollen, wann schwimmen, wann speisen. Der Verfall ihrer geistigen Kraft infolge dieser alles Maß übersteigenden Verweichlichung geht also soweit, daß sie durch sich selbst nicht wissen können, ob sie hungrig sind! Ich weiß von einem dieser Lüstlinge – wenn noch von Lust die Rede sein kann bei einem, der verlernt, was die tägliche Gewohnheit für den Menschen mit sich bringt –, daß er, als er auf Händen aus dem Bad getragen und auf den Tragsessel gesetzt worden war, die Frage tat: »Sitze ich auch schon?« Dieser Mensch, der nicht wußte, ob er sitzt, glaubst du, daß er wisse, ob er lebt, ob er sieht, ob er der Muße ergeben ist? Es ist nicht leicht zu sagen, was man mehr bedauern müßte: ob er das nicht gewußt hat, oder ob er sich nur stellte, als wisse er es nicht. Oft liegt bei solchen Leuten wirkliche Vergeßlichkeit vor; oft aber ist es auch nur Nachäfferei. Gewisse Untugenden machen ihnen Vergnügen als eine Art Beweis ihres Glückes. Es scheint ihnen gar zu platt und verächtlich, wenn ein Mensch weiß, was er tut. Lasse man sich nicht weismachen, die Mimen wären es, die durch ihre trügerischen Übertreibungen die Genußsucht verächtlich machten! Nein, wahrlich, sie übergehen mehr, als sie in ihrer Darstellung vorbringen, und die Menge unglaublicher Laster hat sich in diesem Jahrhundert, das nur nach diesem einzigen Ziel hin erfinderisch ist, dermaßen gesteigert, daß wir den Mimen bereits vorwerfen können, sie gingen hierin nicht weit genug. Wie? Sollte es wirklich einen geben, der dermaßen in Genußsucht erstickt ist, daß er erst einem anderen glaubt, er sitze wirklich? Er ist mitnichten ein der Muße Ergebener; er verdient einen anderen Namen: Krank ist er, oder vielmehr so gut wie tot; wer der Muße ergeben ist, der hat auch noch Gefühl für seine Muße. Dieser Halblebende aber, der eines anzeigenden Gehilfen bedarf zur Erkenntnis seiner eigenen körperlichen Zustände, wie kann der irgendwie Herr sein über seine eigene Zeit?

13. Es wäre reine Zeitverschwendung, wollte ich im einzelnen die ganze Reihe derer aufführen, die ihr Leben vertan haben im Brettspiel oder Würfelspiel, oder

mit der Sorge, ihren Körper von der Sonne durchkochen zu lassen. Die sind nicht der Muße ergeben, deren Vergnügungen viele Vorbereitungen nötig machen. Denn was die betrifft, die sich unfruchtbaren literarischen Studien hingeben, so herrscht wohl kein Zweifel, daß dies nur geschäftiges Nichtstun ist; die Schar dieser Leute ist auch bei den Römern schon ziemlich groß. Es war ein krankhaftes Bestreben der Griechen, zu untersuchen, wie viele Ruderknechte Ulixes gehabt habe, was früher abgefaßt sei, die Ilias oder die Odyssee, überdies, ob der Verfasser beider der nämliche sei, und noch manches andere dieser Art, das, wenn man es bei sich behält, als stiller geistiger Besitz uns nichts hilft, oder, wenn man es veröffentlicht, uns mehr lästig als gelehrt erscheinen läßt. Ein Jammer, daß auch die Römer die eitle Sucht ergriffen hat, sich mit überflüssigem Lernstoff zu belasten. Dieser Tage erst hörte ich einen Vortrag über das Thema: »Was haben einzelne römische Heerführer zuerst Neues eingeführt?« Duilius[12] war der erste, der in einer Seeschlacht siegte, Curius Dentatus[13] der erste, der Elefanten im Triumph aufführte. Diese Mitteilungen besagen zwar nichts für den Ruhm; immerhin aber bieten sie doch Beispiele von Leistungen unserer Mitbürger. Nutzen darf man sich von solchem Wissen nicht versprechen; doch fesselt uns der Glanz dieser an sich nichtigen Dinge. Auch die Forschung darüber wollen wir gern gelten lassen,

---

12 Das ist des C. Duilius Seesieg bei Mylae in der Nähe von Messana im ersten punischen Krieg 260 v. Chr.

13 Nach seinem Siege über Pyrrhus.

wer die Römer zuerst dazu vermocht hat, ein Schiff zu besteigen – das war Claudius, der eben deshalb Caudex genannt wurde,[14] weil ein Gefüge mehrerer Bretter bei den Alten caudex (das ist Baumstamm) genannt wurde, woher denn die öffentlichen Gesetzestafeln ›codices‹ heißen, wie denn auch jetzt noch nach alter Gewohnheit die Schiffe, die auf dem Tiber die Zufuhr heranschaffen, codicariae genannt werden –; wohl mag auch das beachtenswert sein, daß Valerius Corvinus zuerst Messana bezwang und als erster in der Familie der Valerier durch Übertragung des Namens der bezwungenen Stadt auf ihn Messana genannt wurde, ein Name, der sich allmählich im Volksmund zu Messala umänderte. Aber soll auch das ein zulässiger Gegenstand der Untersuchung sein, daß L. Sulla zuerst im Zirkus Löwen, die man sonst nur gefesselt zu sehen bekam, frei umherspringen ließ, weil König Bocchus Wurfschützen gesandt hatte, sie zu erlegen? Immerhin mag auch dies verzeihlich sein. Aber läßt sich auch nur eine Spur von Entschuldigung dafür finden, daß Pompejus zuerst achtzehn Elefanten im Zirkus erscheinen ließ, denen unschuldige Menschen als Kampfesgegner preisgegeben worden? Er, der erste Mann im Staat und unter den alten Größen, wie die Überlieferung besagt, durch besondere Güte ausgezeichnet, hielt es für eine denkwürdige Art von Schauspiel, Menschen der Vernichtung preiszugeben auf eine Art, wie sie noch nie dagewesen. »Sie ringen mit Einsetzen aller Kraft? Das genügt nicht. Sie werden zerfleischt? Das genügt nicht.

14 Claudius Caudex war ein Zeitgenosse des Duilius.

Unter der Wucht gewaltiger Bestien sollen sie ihr Leben aushauchen.«[15] Besser wäre es gewesen, die Sache der Vergessenheit anheimzugeben, damit nicht weiterhin einer der Mächtigen bei ihm in die Lehre ginge, indem er dies Beispiel an Unmenschlichkeit nachahmenswert fände! Ach! Mit welcher Finsternis schlägt großes Glück des Menschen Geist! Er, Pompejus, hielt sich damals für ein Wesen höherer Art, als er eine solche Masse unglücklicher Menschen den einem anderen Himmelsstrich angehörenden Tierungeheuern preisgab, als er so ungleichartige Geschöpfe zum Kampf gegeneinander hetzte, als er das römische Volk zum Augenzeugen so vielen Blutvergießens machte, um es bald darauf zu zwingen, selbst noch mehr zu vergießen. Doch weiterhin mußte er sich, ein Opfer des Alexandrinischen Treubruchs, durch das Schwert eines elenden Sklaven umbringen lassen, jetzt endlich zu der Einsicht gelangt, welch eitles Spiel er mit seinem Beinamen (der Große) getrieben.[16]

Doch ich kehre nun, nach dieser Unterbrechung, zu meinem eigentlichen Vorhaben zurück; es gilt, nach der nämlichen Seite hin den Forschungseifer gewisser Leute als entbehrlich zu kennzeichnen. In seinem Vortrag erzählte jener Gelehrte[17], Metellus, der Sieger über die Punier in Sizilien, sei der einzige unter allen Römern gewesen, der hundertundzwanzig Elefanten bei sei-

15 Pompejus ist der Überlegende. Eine artige Ironie.

16 Vgl. Vom Zorn, Zweites Buch c. 2.

17 Nämlich der zu Anfang unseres Kapitels als Vortragender eingeführte Gelehrte.

nem Triumph vor seinem Wagen habe herziehen lassen; Sulla sei der letzte unter den Römern gewesen, der den freien Raum längs der Stadtmauer hin (pomerium) erweitert habe, ein Verfahren, das in früheren Zeiten niemals bei Zuwachs einer Provinz, sondern nur nach Erwerb italischen Bodens statthatte. Diese Kenntnis ist immerhin noch wichtiger als die, daß der Aventinhügel außerhalb des Pomeriums liege, wie jener versicherte, und zwar aus einem von zwei Gründen, entweder weil die Plebs (die niedere Volksmasse) vor Zeiten dahin ausgezogen war oder weil bei des Remus Auspizien die Vögel ihre Beistimmung nicht kundgegeben hätten. Dazu noch unzählige andere Dinge, die entweder rein erlogen oder einer Lüge ähnlich sind. Denn gesetzt auch, sie berichteten alles in gutem Glauben, ja sie verbürgten sich für die Wahrheit. Wem werden sie zur Abkehr von seinen Verkehrtheiten verhelfen? Wessen begehrliche Leidenschaften werden sie bändigen? Wen werden sie tapferer, wen gerechter, wen edler machen? Unser Fabianus pflegte zuweilen zu fragen, ob es nicht besser wäre, sich überhaupt nicht auf Studien einzulassen, als sich in dieses Gestrüpp zu begeben.

14. Der Muße wirklich ergeben sind überhaupt nur die, die ihre Zeit der Weisheit widmen; denn sie allein führen ein wirkliches Leben; sind sie doch nicht nur gewissenhafte Hüter ihrer eigenen Lebenszeit, sondern fügen auch den gesamten Zeitverlauf ihrem Leben hinzu; alles Schaffen vorvergangener Jahre ist ein Erwerb auch für sie. Wir müßten denn ganz undankbar sein, oder jene hochberühmten Pfadfinder h eiliger Weisheit sind für uns geboren, haben uns den Weg zum Leben

gewiesen. Zu den herrlichsten Schätzen, die durch die Bemühungen anderer aus der Finsternis ans Licht gezogen sind, werden wir geführt; kein Zeitalter ist uns verschlossen, zu allen haben wir Zutritt, und wenn wir im Geistesflug uns über die Schranken menschlicher Schwachheit erheben wollen, so öffnen sich uns lange Zeiträume, die wir durchwandern können. Wir können mit Sokrates Zwiesprache führen, können mit Carneades zweifeln, mit Epikur der Ruhe pflegen, mit den Stoikern die menschliche Natur überwinden, mit den Zynikern über sie hinausgehen. Da die Natur uns mit jedem Zeitalter in Gemeinschaft treten läßt, warum sollten wir uns nicht von dieser beschränkten und hinfälligen Vergänglichkeit mit ganzer Seele zu dem erheben, was unendlich, was ewig ist, was wir mit edleren Wesen gemein haben? Jene, die dienstbeflissen bald dahin bald dorthin eilen, die sich und anderen keine Ruhe lassen, wie steht es mit ihnen? Wenn sie an Tollheit das Menschenmögliche geleistet, wenn sie täglich an aller Türschwellen sich eingestellt und an keiner offenen Tür vorübergegangen sind, wenn sie in den verschiedensten Häusern ihre bezahlte Aufwartung gemacht haben, wie gering wird die Zahl derer sein, die sie in der unermeßlichen und durch die mannigfachsten Leidenschaften in Atem gehaltenen Stadt überhaupt nur zu sehen bekommen! Wie groß wird die Zahl derer sein, die ihnen den Eintritt verweigern, sei es, weil sie noch schlafen oder schwelgen oder kein menschliches Rühren fühlen! Wie groß auch die Zahl derer, die, nachdem sie sie lange mit Warten gequält haben, vorgeblich, dringender Geschäfte wegen sie stehen lassen und forteilen. Wie viele werden es vermeiden, den mit Klienten dicht besetzten Vorraum zum Ausgehen zu benutzen, und durch verborgene Nebenausgänge ins Freie entweichen, als ob es nicht beleidigender wäre, die Menschen zu täuschen als abzuweisen. Viele dieser Besuchsempfänger, noch schlaftrunken vom gestrigen Rausch und dunstigen Kopfes, wie werden sie diesen Fehlgängern, die den eigenen Schlaf unterbrechen, um geduldig den anderer abzuwarten, die Begrüßung erwidern? Sie werden den ihnen tausendmal leise zugeflüsterten Namen verächtlich gähnend wiederholen.[18] Dagegen können wir denen wahre Pflichttreue nachrühmen, die Tag für Tag den Zeno, den Pythagoras und den Demokrit sowie die übrigen Wegweiser in den höheren Wissensgebieten, ferner den Aristoteles und Theophrast zu ihren vertrautesten Freunden haben wollen. Keiner von ihnen wird sich ihnen versagen; keiner wird den zu ihm Kommenden entlassen, ohne ihn glücklicher und zu seinem wärmeren Freund gemacht zu haben; keiner wird irgend einen mit leeren Händen von sich weggehen lassen, gleichviel ob des Nachts oder am Tage – jedermann kann sie immer besuchen.[19]

15. Von ihnen wird keiner dich zu sterben zwingen, aber alle werden es dich lehren; von ihnen wird keiner

---

18 Die richtige grammatische wie sinngemäße Deutung dieser Stelle gibt Hermes in seiner Anmerkung.

19 Zu diesem Kapitel vergleiche man das 12. Kapitel der Abhandlung über die Gemütsruhe, wo die mehr verächtlichen als lächerlichen Seiten der Gunsthascherei, wie sie namentlich im Klientelwesen hervortraten, mit nicht minder grellen Farben gekennzeichnet werden.

dir deine Jahre zunichte machen, wohl aber die seinigen dir zugute kommen lassen. Von einer Unterhaltung mit ihnen brauchst du keine Gefahr zu befürchten; ihre Freundschaft ist nicht bedrohlich für dein Leben; die schuldige Aufmerksamkeit gegen sie verursacht dir keine Kosten. Was du willst, werden sie dir gewähren; sie werden alles tun, dir zur möglichst vollständigen Erlangung dessen zu verhelfen, was du einmal in Angriff genommen hast. Welches Glück, ein wie herrliches Alter erwartet den, der sich unter ihren Schutz gestellt hat! Mit ihnen kann er sich über die unbedeutendsten ebensowohl wie über die wichtigsten Dinge verständigen; sie kann er täglich zu Rate ziehen; von ihnen kann er die Wahrheit hören ohne jede Demütigung, Lob erhalten ohne Schmeichelei; nach ihrem Vorbild kann er sich selbst heranbilden. Wir pflegen zu sagen, die Wahl unserer Eltern stehe nicht in unserer Macht, der Zufall sei es, der sie den Menschen gebe. Nein! Die Verfügung über unser Dasein liegt in unserer eigenen Hand. Es gibt Familien der edelsten Geister. Wähle, in welche du dich aufgenommen sehen willst; nicht etwa der Name nur wird auf dich übertragen werden, sondern all das Gute selbst, was ihnen gehört, und das will nicht mit schmutzigem Eigennutz behütet sein, nein, es wird sich um so stärker vermehren, je größer die Zahl derer ist, die du daran teilnehmen läßt. Sie werden dir den Weg zur Ewigkeit weisen und dich emporheben zu jener Stelle, aus der niemand verdrängt werden kann. Das ist die einzige Möglichkeit, die Grenzen der Sterblichkeit zu erweitern, ja sie in Unsterblichkeit umzuwandeln. Ehrungen, Denkmale, alles, was dem Ehrgeiz huldigt, sei es in öffentlichen Anerkennungen, sei es in großartigen Werken der Kunst, ist raschem Verfall preisgegeben; alles zerstört der Zahn der Zeit und läßt nichts unberührt. Aber dem, worauf die Weisheit ihr Siegel gedrückt hat, kann die Zeit nichts anhaben. Keine Flucht der Jahre wird es vertilgen, keine es mindern; jedes folgende und daran sich weiter anschließende Zeitalter wird zu seiner ehrfürchtigen Schätzung beitragen; denn was in der Nähe liegt, das ist dem Neid ausgesetzt; was in der Ferne liegt, das bewundern wir in voller Unbefangenheit. Das Leben des Weisen hat also einen weiten Spielraum; er sieht sich nicht eingeschlossen in die engeren Grenzen der übrigen Menschen, er erhebt sich über die dem Menschengeschlecht gesetzten Schranken, er macht sich alle Jahrhunderte dienstbar gleich einem Gott. Laß eine Zeit vorüber sein: er umspannt sie mit seiner Erinnerung; laß sie gegenwärtig sein: er nutzt sie aus; laß sie zukünftig sein: er macht sie im voraus sich zu eigen. Die Zusammenfassung aller Zeiten macht ihm das Leben lang.

16. Dagegen ist das Leben derer sehr kurz und sorgenvoll, die das Vergangene vergessen, die Gegenwart verträumen und vor der Zukunft Angst haben; sind sie ans Ende gekommen, so sehen sie, diese Bedauernswerten, zu spät ein, daß sie so lange beschäftigt gewesen sind, ohne doch etwas zu tun. Und man halte es nicht für einen Beweis langen Lebens, wenn sie mitunter den Tod herbeirufen; es ist ihr Unverstand, der sie mit launenhaften Neigungen und Stimmungen peinigt, die gerade auf das zuführen, was sie fürchten: Sie wünschen sich den Tod oft eben deshalb, weil

sie ihn fürchten. Auch darin darf man keinen Beweis sehen wollen für ihr langes Leben, daß ihnen oft der Tag lang wird und daß sie namentlich über langsamen Stundengang klagen, bis die festgesetzte Mittagszeit eintritt; denn nehmen die Geschäfte sie nicht mehr in Anspruch und sind sie auf die Muße angewiesen, so geraten sie in einen ganz haltlosen Zustand und wissen nicht, wie sie darüber verfügen oder wie sie es damit zu Ende bringen sollen; daher suchen sie nach irgend welcher Beschäftigung, und die ganze Zwischenzeit ist ihnen eine wahre Last, ganz ähnlich der Stimmung vor einem auf einen bestimmten Tag angekündigten Gladiatorenspiel oder sonstigen Schauspiel oder Vergnügen: Sie möchten über die dazwischen liegenden Tage am liebsten mit einem Sprung hinübersein. Haben sie Sehnsucht nach irgend etwas, so wird ihnen jeder Aufschub zu lang; die Zeit dagegen, für die sie schwärmen, ist kurz, enteilt rasch und wird noch viel kürzer durch ihre eigene Schuld; denn sie flattern von einem zum anderen, und ihre Begehrlichkeit richtet sich nicht bloß auf einen Gegenstand. Nicht lang sind ihnen die Tage, sondern verhaßt; wie kurz dagegen erscheinen ihnen die Nächte, die sie in den Armen ihrer Dirnen oder beim Wein hinbringen. Daher auch der Wahnwitz der Dichter, die durch ihre Phantastereien die menschlichen Verirrungen nähren. Soll doch nach ihnen Jupiter, ganz hingerissen von der Lust am Beischlaf, die Nacht verdoppelt haben. Was heißt das anders, als unsere Laster zur Flamme entfachen, wenn man die Götter als Anstifter dafür hinstellt; was heißt es anders, als der Krankheit freien Lauf lassen unter Berufung auf das göttliche Vorbild? Müssen ihnen die Nächte nicht sehr kurz vorkommen, die sie so teuer erkaufen? Die Tage verlottern sie in Erwartung der Nacht, die Nacht in der Furcht vor dem Tag.

17. Ihre Genüsse selbst sind angsterfüllt und durch manche Schrecknisse beunruhigt, und gerade wenn sie vor Lust sich nicht zu lassen wissen, beschleicht sie die unheimliche Besorgnis: »Wie lange wird es dauern?« Diese Stimmung hat Königen Tränen entlockt, und statt daß die Größe ihres Glückes für sie eine Quelle der Freude gewesen wäre, hat der Gedanke an das einst kommende Ende sie mit Schrecken erfüllt. Als der übermütige Perserkönig sein Heer in den weitgedehnten Gefilden sich zur Heerschau gruppieren ließ und nicht nach der Zahl, sondern nach dem Umfang das Ganze abmaß, vergoß er Tränen, daß in hundert Jahren von dieser ganzen jugendkräftigen Masse kein einziger mehr am Leben sein werde. Aber er selbst, der Weinende, war es, der im Begriff stand, sie dem Schicksal preiszugeben und die einen im Meer, die anderen zu Lande, die einen in der Schlacht, die anderen auf der Flucht umkommen zu lassen und sie, für die er seine Furcht auf hundert Jahre abmaß, innerhalb kurzer Zeit aufzureiben.

Und wie kommt's, daß auch ihre Freuden mit Angst gemischt sind? Es ruhen diese eben auf keinem festen Grund, und dieselbe Nichtigkeit, der sie entstammen, stört sie auch in ihrem Bestand. Wie muß es aber wohl bei ihnen mit den Zeiten stehen, die nach ihrem eigenen Bekenntnis trübselig sind, da auch schon die gehobenen Stunden, in denen sie sich über das menschliche

Los erhaben dünken, nicht frei von Schatten sind? Je größer das Gute ist, um so sorgenvoller ist es, und für keine Schicksalslage ist es weniger ratsam, Vertrauen zu hegen, als für die glücklichste. Um die Glückseligkeit zu schützen, bedarf es einer weiteren Glückseligkeit, und für die erfüllten Wünsche bedarf es neuer Wünsche. Denn alles, was wir dem Zufall verdanken, ist ohne Bestand, und je ansehnlicher die Höhe ist, zu der es sich erhebt, um so mehr neigt es zum Untergang. Nun aber hat niemand Freude an dem, was zu fallen droht. Nicht nur sehr kurz also, sondern auch höchst beklagenswert muß das Leben derer sein, die mit schwerer Anstrengung erwerben, was zu besitzen und zu behüten ihnen noch schwerere Mühe macht. Mühsam erringen sie, was sie wünschen; angstvoll halten sie fest, was sie errungen haben. Dabei lassen sie die nimmer wiederkehrende Zeit achtlos dahinschwinden. Neue Beschäftigungen lösen die alten ab, eine Hoffnung erweckt die andere, ein Ziel des Ehrgeizes wechselt mit dem anderen. Nicht dem Elend ein Ende zu machen ist man bestrebt, man sucht nur immer neue Anlässe dazu. Unsere Ehrenämter sind uns zur Qual geworden. Noch mehr Zeit rauben uns die Ehrenämter anderer. Die Zeit liegt nun glücklich hinter uns, in der wir uns als Bewerber abmühten; was folgt nun? Es hebt die nicht weniger mühevolle Zeit an, in der wir als Empfehlende auftreten. Das beschwerliche Anklägergeschäft haben wir aufgegeben. Dafür übernehmen wir nun das nicht minder beschwerliche Richteramt. Vom Richteramt hat man sich losgemacht. Dafür ist man nun Untersuchungsleiter. Man ist grau geworden als bezahlter Verwalter der Güter anderer: Der eigene Reichtum läßt einen nun nicht zur Ruhe kommen. Marins hat dem Kriegsdienst entsagt. Nun quält ihn die Last des Konsulates. Quintius Cincinnatus[20] möchte so rasch wie möglich die Diktatur wieder loswerden. Nur zu bald wird man ihn von seinem Pfluge dazu abermals wieder abholen. Gegen die Punier wird, fast noch zu jung für ein so gewaltiges Unternehmen, Scipio zu Felde ziehen; er, der Überwinder Hannibals, der Überwinder des Antiochus, die Zierde seines eigenen Konsulates, der Bürge für das seines Bruders[21], würde seine Statue neben der des Jupiters aufgestellt gesehen haben, wenn er nicht Einspruch erhoben hätte: Aber unseliger Bürgerzwist wird ihm, dem Retter, viel zu schaffen machen, und nachdem der Jüngling Ehren, die ihn den Göttern gleich machen, verschmäht hat, wird er als Greis stolz darauf sein, das Exil zu ertrotzen. Nie wird es an Anlässen zur Sorge fehlen, handle es sich um Glück oder um Unglück; das Leben wird ganz im lästigen Drang der Geschäfte dahinschwinden. Zur Muße wird es niemals kommen, es wird beim ewigen Wunsch bleiben.

18. Also, mein lieber Paulinus, halte es nicht mit dem großen Haufen; ziehe dich endlich zurück in den stillen Hafen; du hast dich länger von den Wogen schütteln

---

20 Der berühmte Heerführer und mehrfache Diktator der ältesten Zeit der Republik.

21 Der gefeierte Überwinder Hannibals, P. Cornelius Scipo, begleitete nach erlangter Zustimmung des Senates und des Volkes seinen weniger fähigen Bruder Lucius, der als Konsul den Krieg gegen den König Antiochus von Syrien zu führen hatte, als Legat und beendete glücklich den Krieg. Die ihm von den Römern zugedachte Ehrung durch eine Statue, die neben der des zu Linternum, das er selbst erwählt hatte, nachdem in seinen späteren Jahren die Volksgunst sich von ihm abgewandt hatte.

lassen, als es mit deinen hohen Jahren im Verhältnis steht. Denke, wie oft du mit den Fluten gerungen, wie viele Stürme du teils im Privatleben bestanden, teils im öffentlichen Leben über dich hast hereinbrechen sehen. Zur Genüge hat sich deine Tüchtigkeit in mühevollem und ruhelosem Ringen erprobt. Laß nun die Muße das Versuchsfeld sein für ihre Leistungsfähigkeit! Der größere Teil deiner Lebenszeit, wenigstens der bessere, mag dem Staat gewidmet gewesen sein; etwas von der dir gegönnten Zeit nimm auch für dich in Anspruch. Es ist keine träge und untätige Ruhe, zu der ich dich einlade. Du sollst den Schwung deiner lebhaften Geisteskraft nicht untergehen lassen in Schlaf und Lustbarkeiten, wie sie der große Haufen liebt. Das heißt nicht der Ruhe pflegen. Du wirst Aufgaben finden, größer als alle Leistungen, die du bisher in strenger Pflichttreue vollzogen hast, Aufgaben, an deren Lösung du in sorgenloser Ruhe arbeiten kannst. Du regelst zwar die Finanzen des Reiches so uneigennützig, als gehörte dir nichts davon, so sorgfältig wie deine eigenen, so gewissenhaft, wie es das öffentliche Interesse erfordert. In einer amtlichen Tätigkeit, in der es schwer ist, dem Haß zu entgehen, erwirbst du dir Liebe; aber gleichwohl, glaube mir, ist es besser, mit dem Stand der Lebensrechnung vertraut zu sein als mit dem der staatlichen Getreiderechnungen. Deine frische Geisteskraft, die der größten Leistungen fähig ist, laß nun Abstand nehmen von dem zwar ehrenvollen, aber zu einem glücklichen Leben weitaus nicht ausreichenden Staatsdienst. Bedenke: Du hast bei deiner schon in so früher Jugend begonnenen Beschäftigung mit den Wissenschaften dir doch nicht das Ziel gesetzt, dir viele tausend Scheffel Getreide zu gewissenhafter Verwaltung anvertraut zu sehen. Man durfte von dir etwas Größeres und Höheres erwarten. An Männern von haushälterischer Tüchtigkeit und unermüdlicher Arbeitsamkeit wird es nicht fehlen. Sind doch langsame Zugtiere weit geeigneter, schwere Lasten zu schleppen, als edle Rosse, deren stolze Regsamkeit wohl schwerlich je einer durch schwere Belastung gehemmt hat.

Bedenke ferner, mit welchen Sorgen du dich belädst, wenn du dich auch weiterhin zu diesem erdrückenden Dienst hergibst! Mit dem Magen der Leute hast du es zu tun. Hungert das Volk, so nimmt es keine Vernunft an, läßt sich durch keine Billigkeit beruhigen, ist jeder Bitte unzugänglich. Ganz vor kurzem erst in jenen Tagen, da C. Caesar (Caligula) umgebracht wurde – der, wenn die Toten noch irgend welche Empfindung haben, sich über nichts mehr ärgert als darüber, daß er wußte, das ihn überlebende römische Volk habe nur noch für sieben, höchstens acht Tage Lebensmittel[22] –, stellte sich, während er Schiffbrücken schlug und mit den Machtmitteln des Staates ein freventliches Spiel trieb, das auch für Belagerte entsetzlichste Übel ein: Mangel an Lebensmitteln; es fehlte nicht viel, so hätte die Nachäfferei des tollen ausländischen und zu seinem eigenen Verderben übermütigen Königs (Xerxes)[23] zum Unter-

22 Er mußte sterben, ohne die, wie ihm bekannt, unmittelbar bevorstehende Hungersnot zu erleben, an der das entmenschte Gemüt Tyrannen die größte Freude gehabt haben würde.

23 Caligula vertrieb sich damals die Zeit damit, daß er in kindischer Nachäfferei des Xerxes, der den Hellespont überbrückte, von seinem Landgut Bauli bei Baja eine Schiffbrücke nach Puteoli hinüberschlug.

gang und zur Hungersnot und deren unausbleiblicher Folge, dem allgemeinen Zusammenbruch, geführt. Wie mußte es damals den Männern zumute sein, die mit der Verwaltung der Getreidespeicher betraut waren! Mußten sie nicht gefaßt sein auf Steinwürfe, auf Schwert, auf Feuerbrände, auf Gaius (Caligula)? Mit höchster Verstellungskunst verbargen sie das im tiefsten Innern zurückgehaltene schwere Geheimnis, dabei natürlich aber aus gutem Grund; denn manches muß man heilen, ohne die Kranken es wissen zu lassen. Ist doch für so manchen gerade die Kenntnis seiner Krankheit die Ursache seines Todes geworden.

19. Suche deine Zuflucht nun bei dem, was ruhiger, was sicherer, was erhabener ist! Wenn du es deine Sorge sein läßt, das Getreide unbeeinträchtigt durch Betrug oder Nachlässigkeit der Geleitenden in die Speicher zu bringen, wenn du es vor verderblicher Feuchtigkeit und daraus entstehender Hitze bewahrst, wenn du streng auf richtiges Maß und Gewicht hältst, kannst du das etwa gleichstellen der Beschäftigung mit den heiligen und erhabenen Aufgaben wissenschaftlicher Forschung, wo es gilt, Fragen zu lösen wie diese: Wie steht es in bezug auf die Gottheit mit ihrem Stoff, mit ihrer Lust, mit ihrem Zustand, mit ihrer Gestalt? Welches Schicksal steht deiner Seele bevor? Welchen Platz wird uns die Natur nach dem Abscheiden aus dem Körper anweisen? Was ist es, was gerade die schwersten Bestandteile der Welt an die Mitte gefesselt hält, während es das Leichte nach oben schweben läßt, zuoberst das Feuer stellt und den Gestirnen den Trieb zu ihren wechselnden Stellungen gibt? Und wie steht's mit den

übrigen zahllosen Wundern der Welt? Ach, wolltest du doch, den Boden hinter dir lassend, dein geistiges Auge auf jene Dinge richten! Jetzt, solange das Blut noch warm ist, bei frischer Lebenskraft muß man sich dem Dienst des Höheren weihen. Machst du dies zu deinem Beruf, dann darfst du rechnen auf eine Fülle von herrlichen Kenntnissen, auf Liebe zur Tugend und auf ihre Betätigung, auf gründliche Verabschiedung aller Leidenschaften, auf sichere Kunde über Leben und Sterben, auf tiefe Seelenruhe.

Alle Geschäftsleute sind in einer beklagenswerten Lage; am beklagenswertesten aber ist die Lage derjenigen, die sich nicht einmal mit Geschäften für sich selbst abarbeiten. Ihr Schlaf richtet sich nach dem Schlaf anderer, ihre Schrittführung nach dem Schritt anderer, ja, selbst in ihrem Lieben und Hassen, diesen freiesten aller Seelenregungen, sind sie ganz an den Befehl eines anderen gebunden. Wollen diese Leute wissen, wie kurz ihr Leben sei, so mögen sie nur daran denken, welch winziger Teil davon ihnen selbst gehört.

20. Siehst du also, daß sie schon oft das Ehrengewand hoher Beamten getragen haben, daß ihr Name auf dem Forum gefeiert ist, so laß jeden Neid fahren; ein Stück eigenen Lebens muß man drangeben, um dergleichen zu gewinnen. Um ein Jahr nach sich genannt zu sehen, müssen sie alle ihre Jahre drangeben.[24] Manche schieden aus dem Leben, ehe sie den erstrebten Gipfel des Ehrgeizes erreichten, während sie all ihre Kraft dafür

24 Es war ein begreifliches Ziel des Ehrgeizes, durch Erlangung des Konsulats das betreffende Jahr für alle kommende Zeit nach seinem Namen benannt zu wissen.

einsetzten. Manche, die durch tausend Unwürdigkeiten zur höchsten Würde emporgeklettert waren, beschlich der traurige Gedanke, sie hätten sich selbst abgemüht für eine Grabschrift. Manchen, die im höchsten Greisenalter sich mit neuen Plänen, hoffnungsvoll wie in der Jugend, trugen, versagte mitten in ihren großen und verwegenen Entwürfen die erlahmte Kraft. Ein Schubiack, der in hohen Jahren als Anwalt für elende Händelsucher nach dem Beifall der umstehenden, unverständigen Menge haschend plötzlich vom Schlag gerührt wurde! Schande über den, der, eher des Lebens als seines Tatendranges satt, mitten in seiner Geschäftstätigkeit zusammenbrach. Schande auch über den, der, mitten in der Abrechnung vom Tode überrascht, von den lange hingezogenen Erben verlacht wurde.[25] Ein Beispiel, das mir eben einfällt, kann ich nicht übergehen. Sextus Turannius war ein Mann von äußerster Gewissenhaftigkeit und dabei hochbetagt. Als er, schon ein Neunziger, von C. Caesar (Caligula) die Entlassung von der Stellung des Getreideverwalters ohne Ansuchen erhalten hatte, ließ er sich ins Bett bringen und von der umstehenden Dienerschaft beklagen, als wäre er gestorben. Das ganze Haus trauerte über den Ruhestand des hochbetagten Gebieters und ließ nicht eher ab von der Trauer, als bis ihm seine amtliche Tätigkeit wieder zurückgegeben war. Eine solche Lust also ist es, unter Geschäften zu sterben? So steht's mit der Sinnesart der meisten: Ihre Gier nach Beschäftigung hält

25 Das sind typische Fälle, die im lateinischen Text durch das Perfekt gegeben werden.

länger an als ihre Arbeitskraft; sie nehmen den Kampf mit der körperlichen Schwäche auf, die ihnen aus keinem anderen Grund schwer erscheint, weil sie durch sie zur Mühe verurteilt werden. Mit dem fünfzigsten Jahr hört dem Gesetz nach der Eintritt in den Kriegsdienst, mit dem sechzigsten der Eintritt in den Senat auf; die Menschen machen es sich selbst schwerer, zur Ruhe zu gelangen, als das Gesetz. Während sie so an sich und an anderen Raub begehen, sich einer dem anderen die Ruhe vergällen, sich gegenseitig unglücklich machen, verläuft das Leben inzwischen ohne Gewinn, ohne Freude, ohne jede geistige Förderung. Niemand richtet die Augen auf den Tod, alle gefallen sie sich in weit aussehenden Entwürfen, manche treffen Verfügungen sogar über das, was über ihr Leben hinausliegt, über Grabdenkmäler von ungeheuren Abmessungen, über Stiftungen öffentlicher Anstalten, über Veranstaltungen an ihrem Scheiterhaufen und über prachtstrotzende Leichenbegängnisse. Aber wahrlich, ihre Bestattungen sollten, wie bei kleinen Kindern, zur Nachtzeit bei Fackelschein und Kerzenlicht vor sich gehen.[26]

26 Vgl. Anmerkung 32 zu der Abhandlung von der Gemütsruhe.